Oetinger

Kirsten Boie, 1950 in Hamburg geboren, ist eine der renommiertesten deutschen Kinder- und Jugendbuchautorinnen. Für ihr Gesamtwerk wurde sie mit dem Sonderpreis des Deutschen Jugendliteraturpreises geehrt. Kirsten Boie hat viele beliebte Kinderbuchfiguren für alle Altersgruppen erschaffen, darunter »Der kleine Ritter Trenk«, »Seeräubermoses«, »King-Kong«, »Die Kinder aus dem Möwenweg« und »Thabo«. Darüber hinaus ist die promovierte Literaturwissenschaftlerin mit großem Einsatz auf dem Gebiet der Leseförderung aktiv. Für ihr Engagement für die deutsche Kinder- und Jugendliteratur wurde ihr 2019 die Hamburger Ehrenbürgerwürde verliehen. Nicht nur »Paule ist ein Glücksgriff« – so der Titel ihres Debütromans –, sondern auch »Kirsten Boie ist ein Glücksfall für die deutsche Kinderbuch-Literatur« (NDR).

Kirsten Boie

Lena fährt auf Klassenreise

Mit Illustrationen
von Silke Brix

Verlag Friedrich Oetinger

MIX
Papier | Fördert gute Waldnutzung
FSC® C002795

4. Auflage

Diese Ausgabe ist ursprünglich erschienen in:
Oetinger Taschenbuch im Verlag Friedrich Oetinger GmbH, 2012

Titelbild und Illustrationen: Silke Brix
Druck und Bindung: Livonia Print SIA, Jūrkalnes iela 15/25, LV-1046 Riga, Lettland
*Printed 2026/2
ISBN 978-3-7512-0255-8

www.kirsten-boie.de
www.oetinger.de
www.moewenweg-stiftung.de

Inhalt

Lena kommt ins falsche Zimmer

„Ja, dann wollen wir mal“, sagt Frau Schröder am Freitagmorgen, als sie alle Mathehefte mit den Hausaufgaben zurückgegeben hat.
Lena schlägt ihr Heft auf. Hinter jeder Aufgabe ist ein kleines rotes Häkchen, das bedeutet, dass Lena richtig gerechnet hat. Und unten drunter steht: „Prima, Lena!“ in

Frau Schröders ordentlicher roter Schrift. Leider stempelt sie keine hübschen Belohnungsbilder mit kleinen Katzen und Pferden und Sternchen mehr dazu. Wenn man fast in

der vierten Klasse ist, muss es auch schon mal ohne gehen, hat Frau Schröder gesagt.
Ina beugt sich über den Gang. „Wie viele Fehler?“, flüstert sie.
„Null!“, flüstert Lena zurück und wartet, ob Katrin jetzt gleich sagt, dass das ja auch kein Wunder ist. Lena hat die Hausaufgaben nämlich mit Katrin zusammen gemacht, und Katrin findet Mathe eierleicht. Wenn Lena ihre Matheaufgaben alleine rechnet, werden sie leider immer nicht so gut.
„Lena?“, sagt Frau Schröder und beugt sich über ihr Pult. „Ina? Interessiert es euch denn gar nicht, was für Zimmer es gibt?“

Da ist Lena mit einem Schlag still, und in ihrem Bauch wächst ein kleines kribbeliges Glücksgefühl. Natürlich! Fast hätte sie es vor lauter Freude über die gute Mathehausaufgabe für eine Sekunde vergessen. Am Montag gehen sie doch auf Klassenreise!
„Doch, interessiert mich, Frau Schröder", sagt Lena darum schnell und legt sogar ihre Hände ganz ordentlich vor sich auf den Tisch, damit Frau Schröder merkt, dass sie jetzt aufpasst. „Interessiert mich sehr."
Da nimmt Frau Schröder ein Stück Kreide und legt los.

Am Anfang des Schuljahres hat Frau Schröder mit der Klasse besprochen, dass sie in diesem Jahr zusammen verreisen wollen.
André hat vorgeschlagen, dass sie nach Mallorca fahren können, weil es da cool ist, das weiß er aus den Sommerferien, und Oliver wollte in die Pfalz, weil da seine Oma wohnt und man mit der Bahn hinfahren kann. Merve hat gesagt, am schönsten ist es in der Türkei, und Seyit hat gesagt, genau, da fahren sie auch immer hin. Aber Katrin hat sich an die Stirn getippt.
„Ihr spinnt doch!", hat sie gerufen. „So macht man doch keine Klassenreise!"
Katrin hat eine große Schwester, die heißt Anke und ist schon vierzehn, und darum weiß Katrin natürlich genau, wie es mit Klassenreisen ist. Sie hat erzählt, dass man mit

der Klasse sowieso nicht so weit wegfährt, nicht wie in einen richtigen Urlaub. Auf Klassenreise geht man immer nur an die Ostsee.

„Na, immer nur Ostsee, das stimmt nun doch nicht", hat Frau Schröder gesagt. „Aber überlegt mal, Kinder: Wir fahren ja weg, damit wir mal ein paar Tage als Klasse was zusammen unternehmen können und als Gemeinschaft noch mehr zusammenwachsen. Darum ist das Ziel auch gar nicht so wichtig."

Lena hat sie angestarrt. Ihr ist das Ziel nämlich ziemlich wichtig. Dafür ist es ihr ganz egal, ob sie als Klasse zusammenwachsen. Mit dem blöden André, der immer angibt und nur Markenklamotten trägt, will sie gar nicht zusammenwachsen.

„Und wohin fahren wir dann?", hat Lena gefragt, und Frau Schröder hat gesagt, in ein wunder-, wunderschönes Schullandheim, und das ist zufällig tatsächlich an der Ostsee. Da war die Schule schon öfter, und man kann wirklich herrliche Wanderungen machen.

„Buuuh, wandern!", hat Maik geschrien, und die halbe Klasse hat mitgebrüllt.

„Hab ich es euch nicht gesagt?", hat Katrin geflüstert.

Trotzdem hat Lena sich plötzlich ganz fürchterlich auf die Klassenreise gefreut.

„Also“, sagt Frau Schröder. „Heute Morgen hat das Heim eine Liste der Zimmer gefaxt, die für unsere Klasse zur Verfügung stehen.“ Sie guckt über die Tische. „Und die wollen wir jetzt mal verteilen. Damit es nachher kein Chaos gibt, wenn wir ankommen.“
„Na, das ist auch gut so“, flüstert Katrin. „Wetten, das gibt sonst nur Stress?“
Lena nickt. „Logisch!“, flüstert sie. Das Kribbeln in ihrem Bauch ist noch viel stärker geworden. Wenn sie nun mit lauter Blöden in ein Zimmer kommt? Das will sie ganz bestimmt nicht. Oder mit Jungs! Das wäre ja noch viel schrecklicher.
Darum muss sie jetzt aufpassen und sich an der richtigen Stelle melden, damit nichts schief geht. Weil sie ja auch eigentlich schon genau weiß, mit wem sie in ein Zimmer will. Mit Katrin nämlich, die ist schließlich ihre beste Freundin.
„Zuerst mal die Herren der Schöpfung“, sagt Frau Schröder. „Da wird es vielleicht nicht so schwierig. Wir sind zwölf Jungs …“
„Hihi, Frau Schröder, du bist doch gar kein Junge!“, brüllt Oskar und schmeißt sich über seinen Tisch.

Das ist aber nun ziemlich peinlich, denkt Lena. Weil man zu einem Lehrer wirklich nicht mehr du sagen kann, wenn man schon fast in die vierte Klasse geht.
„Das sagt man so, Oskar“, sagt Frau Schröder. „Also, wenn ich mich nicht verzählt habe, sind wir zwölf Jungs, und es gibt genau zwei Sechserzimmer. Die teilen wir jetzt mal auf.“
Lena lehnt sich zurück. Jetzt ist sie noch nicht dran.

„Wollen wir? Wollen wir zusammen, Maik?“, schreit Oliver.
Und Thomas brüllt quer durch die Klasse, dass er auch noch mit zu ihnen ins Zimmer will. Da schreit Seyit, er logisch auch.
Lena beugt sich zur Seite.
„Wir wollen doch auch zusammen, Katrin, oder?“, fragt sie leise. Eigentlich ist das ja sowieso klar, weil Lena und Katrin allerbeste Freundinnen sind. Aber sicher ist sicher.
„Klaro“, sagt Katrin und hält Lena unter dem Tisch heimlich einen Gummischnulli hin. „Und Ina auch. Hab ich mit ihr so besprochen.“
Lena starrt sie an. Gestern Nachmittag war Katrin wieder bei Ina, um mit Inas Kaninchen zu spielen, das heißt Rüdiger nach einem berühmten Vampir. Lena hatte keine Zeit, die musste mit Mama einkaufen gehen. Einen neuen Schlafanzug für die Reise. Mit ihren alten Nachtsachen

kann man sie ja nicht mehr losschicken, hat Mama gesagt. Da muss man sich ja schämen.
Und es hat überhaupt nichts genützt, dass Lena gesagt hat, sie schämt sich gar nicht mit ihrem Nachthemd mit dem Kulleraugenkrokodil, auch wenn ihr das vielleicht schon ein klitzekleines bisschen zu kurz ist. Sie braucht überhaupt keinen neuen Schlafanzug, da kann Mama viel Geld sparen. Sie geht jetzt lieber zu Katrin und Ina und spielt mit Rüdiger.
„Na, hör mal!“, hat Mama gesagt. „Das Nachthemd geht dir ja kaum mehr über den Po! Und wenn du da im Schullandheim mal einem Jungen begegnest?“
Lena weiß nicht, warum das nun so schlimm sein soll, wo Jungs sich doch sowieso nicht so doll für Weibermode interessieren, aber Mama hat nicht mit sich reden lassen. Darum musste Lena leider doch mit ihr shoppen gehen, und nun haben Katrin und Ina wieder den ganzen Nachmittag alleine zusammen gespielt, und das findet Lena nicht so gut. Eine beste Freundin sollte schon eine *echte* beste Freundin sein und sich nicht immer gleich mit anderen Freundinnen mit Kaninchen trösten, wenn man mal Schlafanzüge kaufen muss. Und nun will Katrin natürlich auch gleich, dass Ina mit in ihr Klassenreisenzimmer kommt.
„Na gut“, sagt Lena und seufzt. Ändern kann sie sowieso nichts mehr. Eigentlich ist Ina ja auch ganz nett. Und bevor

Katrin und sie mit einer von den Doofen in ein Zimmer gehen, die keiner haben will, nehmen sie doch schon lieber Ina.

„Wunderbar!“, ruft Frau Schröder da gerade. „Ich hab doch gewusst, dass es bei meinen Männern fix geht. Und jetzt die Damen.“ Sie nimmt ihren Zettel. „Sechzehn Mädchen sind wir“, sagt Frau Schröder. „Und wir haben noch ein Siebener- und ein Fünfer- und ein Viererzimmer.“

„Geil!“, schreit Katrin. „Wir wollen in das Siebener, oder, Lena?“

Lena nickt. Ein großes Zimmer ist bestimmt viel lustiger.

Aber dann ist alles gar nicht so einfach. Weil Imke gerne mit Ina und Lena in ein Zimmer gehen würde, aber Katrin kann Imke nicht ausstehen, darum will sie dann doch

nicht. Und Merve sagt, ohne Imke kommt sie auch nicht zu ihnen. Und mit Svenja will nun Lena ganz bestimmt nicht in ein Zimmer, weil die in der Mathestunde immer kichert, wenn Lena mal was sagt und das nicht so ganz richtig ist. Und überhaupt ist es gar nicht leicht, sieben Leute zusammenzukriegen, die sich alle mögen.
Schließlich stellt Frau Schröder sich in eine Ecke und sagt, die anderen drei Ecken in der Klasse bedeuten jetzt die drei Mädchenzimmer im Schullandheim. Danach malt sie mit Kreide einfach eine Sieben und eine Fünf und eine Vier auf den Boden, damit man sehen kann, welche Ecke welches Zimmer sein soll. Jetzt wird es in der Klasse ganz wuselig, und alle laufen von einer Ecke zur anderen und stellen sich immer wieder neu hin und winken ihren Freundinnen, dass sie auch kommen sollen, und dann schreit Imke plötzlich, dass ihr Siebenerzimmer fertig ist. Das ist natürlich mal wieder typisch. Mit Imke wollen nämlich die meisten Mädchen gerne. Weil Imke lange blonde Haare hat und richtig hübsch aussieht und schön duftet und von allen Mädchen am beliebtesten ist.
„Logisch!“, flüstert Katrin böse. „Natürlich wieder die blöde Pute!“
Lena seufzt. „Fünfer ist auch gut“, sagt sie, aber da brüllen schon Svenja und Süheyda und Nilgün, dass sie mit Aytül und Ami Rasoulé ins Fünferzimmer gehen.
Lena starrt Katrin ganz böse an. Nun bleibt nur noch das

Viererzimmer für sie übrig, und nur, weil Katrin sich mit Imke immer streiten muss. Viererzimmer ist wirklich langweilig.

„Schön!", sagt Frau Schröder. „Seht ihr, so haben wir die Zimmeraufteilung doch noch zur allgemeinen Zufriedenheit hingekriegt, oder? Viererzimmer: Lena, Katrin, Ina und Olga, wenn ich das richtig sehe?"

„Nein, ich will tot sein!", schreit Katrin, aber als Frau Schröder sie mit so einem strengen Lehrerinnenblick anguckt, schlägt sie sich schnell die Hand vor den Mund.

Jetzt müssen sie Olga mit in ihr Zimmer nehmen, und das ist nun wirklich eine, die sonst keiner haben will. Olga sitzt allein mitten in der Klasse und ist kein einziges Mal von

irgendwem mit in irgendeine Ecke gerufen worden. Mit der kann man absolut überhaupt nichts anfangen.
„Nur weil du dich immer mit Imke streitest!“, flüstert Lena und guckt Katrin wütend an.
„Nur weil *du* nicht mit Svenja wolltest!“, sagt Katrin und guckt mindestens genauso wütend.
„Na, seht ihr!“, sagt Frau Schröder. „Und wo ihr nun alle wisst, mit wem ihr euer Zimmer teilt, da freut ihr euch doch bestimmt noch viel mehr auf Montag.“
Lena guckt böse auf ihren Tisch.
Ina und Olga, na, herzlichen Dank. Da würde sie ja lieber zu Hause bleiben.

Sind Kuscheltiere peinlich?

„Nun sei mal nicht so zickig, Lena!“, sagt Mama, als Lena beim Mittagessen ihre Broccoli-Röschen hin und her über den Teller schiebt. „Man kann eben nicht immer mit genau den Leuten zusammen sein, mit denen man gerne möchte. Das ist im Leben nun mal so.“

Lena guckt böse. Im Leben kann es ja auch gerne so sein, aber eine Klassenreise ist schließlich eine Klassenreise und etwas Besonderes, und da will ja wohl jeder in einem guten Zimmer schlafen.

Über die Mathehausaufgabe hat Mama sich sehr gefreut, aber jetzt redet sie schon die ganze Zeit auf Lena ein. „Und mit Katrin *bist* du doch schließlich in einem Zimmer. Das ist dir doch das Wichtigste. Und Ina findest du doch auch nett.“

„Mit Olga will keiner!“, sagt Lena grimmig. „Aber *wir* müssen!“

„Was ist denn so schlimm an Olga?“, fragt Mama. „Nur, dass sie aus Russland kommt?“

„Sie trägt Haarschleifen!“, sagt Lena und schüttelt sich fast. „Manchmal. Riesengroße weiße!“

„Das findet ihre Mutter vielleicht hübsch“, sagt Mama. „Das findet man vielleicht hübsch da, wo Olga früher gewohnt hat. So was ist doch kein Grund, dass man mit jemandem nicht in einem Zimmer wohnen will!“

Aber Mama hat einfach keine Ahnung. Es gibt gute Zimmer, da sind die Beliebten drin, und mittlere Zimmer, die gehen auch noch, und dann gibt es die Zimmer, da werden die Unbeliebten reingestopft. Und wenn man mit den Unbeliebten zusammen ist, ist es fast so, als ob man selbst auch ganz unbeliebt wäre.
„Ist es *doch*!“, sagt Lena düster und steht auf. Jetzt hat sie gar keine Lust, zum Fußballtraining zu gehen.

„Mann, bist du spät!“, sagt Jonas, als Lena aus der Mädchenumkleidekabine kommt. Die Jungs ziehen sich immer alle zusammen in der Kabine nebenan um, nur Lena muss das ganz alleine in der Mädchenumkleide machen. Aber

da hat sie wenigstens richtig schön viel Platz und muss ihre Sachen nicht so ordentlich zusammenlegen.
Fußball spielt Lena schon, seit sie ganz klein war, und im Verein ist sie auch schon lange. Der Trainer hat gesagt, auch wenn es bei ihnen nun mal leider keine Mädchenmannschaft gibt, darf man so ein Talent doch trotzdem nicht vergeuden. Und wenn Lena eine gute Spielerin ist, kann sie gerne in der E-Jugend mitmachen.
Und gut ist Lena ja, das sagen sogar Jonas und Arne, die sind in ihrer Mannschaft. In ihrer Klasse sind sie auch, da reden sie nicht mit Lena und stöhnen höchstens mal, wenn sie sie sehen, und rollen mit den Augen und sagen „Weiber!“ und schmeißen Lenas Federtasche durch die Klasse.
Aber im Verein sind sie richtig gute Mannschaftskameraden und hauen Lena auf die Schulter, wenn sie ein Tor geschossen hat, und umarmen sie, als ob sie ein echter Junge wäre. Das müssen sie auch ziemlich oft tun. Lena war schon ziemlich oft Torschützenkönigin.
„Meine Mutter hat noch auf mich eingeredet“, sagt Lena böse. „Darum konnte ich nicht los.“
„Macht meine auch immer!“, sagt Arne. „Hattest du wieder deine Fußballsachen nicht ordentlich weggeräumt? Oder hattest du deine Schuhe mitten im Flur stehen lassen? Oder sieht dein Zimmer so aus, dass sie immer nur weinen möchte?“ Und er rollt mit den Augen.

Lena kichert.
„Nee, diesmal nicht“, sagt sie. „Nur wegen Olga.“
Und sie denkt, wie gemein das alles ist. Erst müssen sie die blöde Olga mit in ihr Zimmer nehmen, und dann kriegt sie auch noch Krach mit Mama wegen ihr.
„Ach, vergiss es doch“, sagt Jonas. „Weißt du was? Auf der Klassenreise machen wir hundertpro ein Fußballturnier, haben Arne und ich grade beschlossen. Das wird geil.“
„Gegen wen denn?“, fragt Lena verblüfft.
„Männer gegen Weiber!“, sagt Arne und grinst Lena hämisch an. „Wollen wir wetten, wer da gewinnt?“
Lena zeigt ihm einen Vogel. „Ohne mich gewinnt ihr sowieso nicht“, sagt sie. „Ihr trefft das Tor doch nicht mal aus zwanzig Zentimetern Entfernung!“
Da bläst der Trainer in seine Trillerpfeife.

Am Sonntagabend steht Lenas Koffer gepackt auf dem Flur. Nur ihre Waschtasche mit der Zahnbürste und der

Zahncreme und dem Duschgel ist noch nicht drin, weil Lena die ja noch zweimal braucht, bevor sie losfahren.
„Nichts vergessen?“, fragt Papa, als er fast über den Koffer stolpert. Aber er sagt nicht, dass der ja nun wirklich ziemlich im Weg steht. „Handtücher, Bettwäsche, Unterhosen?“
„Papa!“, sagt Lena. Zum Glück hat das außer ihr niemand gehört.
„Warme Pullover?“, fragt Papa. „Gummistiefel?“
„Ich hab ihr doch beim Packen geholfen!“, sagt Mama und kommt aus dem Wohnzimmer. „Und wir vergessen doch nichts, wir beiden Frauen, was, Lena?“
Lena schüttelt den Kopf. Ein klitzekleines bisschen mulmig ist es ihr jetzt schon. So oft war sie ja noch nicht alleine von zu Hause weg. Mit dem Kindergarten einmal für drei Tage und zweimal am Wochenende mit der Fußballmannschaft. Aber sonst verreisen Mama, Papa und Lena eigentlich immer nur zusammen.
„Ich werd dich bestimmt vermissen!“, sagt Mama.
„Mensch, Lenamaus! Was soll ich denn vier Tage lang machen, so ganz ohne dich?“
Lena denkt, dass sie ja sonst auch nicht den ganzen Tag mit Mama spielt, und Mama kann sich trotzdem immer ganz gut beschäftigen. Aber so hat Mama das vielleicht auch gar nicht gemeint.
„Hoffentlich erkenn ich dich überhaupt noch wieder, wenn

du zurückkommst!“, sagt Papa. „Fünf Tage kein Chaos auf dem Flur, keine Zahncreme im Waschbecken, niemand, der die Milch gleich aus der Packung trinkt …“

„Ja, das wird uns fehlen“, sagt Mama und lacht.

Lena hat gar nicht gewusst, dass Mama und Papa sie so lieb haben. Aber eigentlich ist das ja auch klar.

„Hast du schon deinen Bollermann eingepackt?“, fragt Mama.

Lena schüttelt den Kopf. „Das geht doch nicht!“, sagt sie energisch. „Dafür bin ich viel zu alt!“

Bollermann ist Lenas großer Stoffhund mit dem einen Ohr, den sie immer unter der Bettdecke versteckt, wenn ihre Freundinnen kommen. Den kann sie doch wirklich nicht mit auf die Klassenfahrt nehmen! Wo der so alt und zerrupft und zottelig aussieht. Das wäre ja peinlich.

Nachher denken die anderen noch, sie ist ein Baby.
„Aber du schläfst doch nie ohne Bollermann!", sagt Mama. „Glaubst du denn, das geht überhaupt ohne?"
„Ich bin doch kein Baby!", sagt Lena empört. Aber so ganz sicher ist sie sich da eigentlich nicht.

„Katrin?", flüstert Lena ins Flurtelefon, als Mama und Papa im Wohnzimmer „Tatort" gucken. „Nimmst du eigentlich ein Kuscheltier mit?"
Als sie eben aus ihrem Zimmer noch schnell das schöne hellblaue Briefpapier mit der niedlichen kleinen Maus unten auf jeder Seite geholt hat, weil ihr zum Glück noch eingefallen ist, dass sie ja bestimmt mal einen Brief schreiben will, wenn sie so lange verreist ist, hat sie Bollermann auf ihrem Kopfkissen sitzen sehen. Und irgendwie sah er so traurig aus, dass Lena gedacht hat, sie kann ihn doch nicht einfach so alleine zu Hause lassen.

Natürlich ist Bollermann nur ein Stoffhund, aber er ist schließlich an sie gewöhnt, wo sie schon so viele Jahre nebeneinander schlafen. Da kann sie doch jetzt nicht einfach sagen, sie nimmt ihn nicht mit auf die Klassenreise, nur weil er so alt und struppig ist! Das macht ihn bestimmt ganz traurig. Auch wenn Stoffhunde natürlich nicht traurig sein können. Aber irgendwie doch.

„Ob ich ein Kuscheltier mitnehme?“, fragt Katrin verblüfft in den Hörer. „Logisch mach ich das! Elsa! Die hab ich doch immer mit!“

Das stimmt. Immer, wenn Katrin bei Lena übernachtet, darf Elsa dabei sein, das ist Katrins blaue Schlafkatze, die nie ihre Augen aufmachen kann, weil sie nur aufgestickt sind. Aber Elsa ist natürlich auch ziemlich klein, die sehen die anderen vielleicht gar nicht. Und sie ist auch noch nicht so furchtbar schäbig.

Bei Katrin hat Lena ihren Bollermann auch schon mal mitgehabt, als sie da geschlafen hat, und Katrin hat überhaupt nicht gelacht. Aber Katrin ist ja auch Lenas beste Freundin.

„Glaubst du, ich kann Bollermann mitnehmen?“, flüstert Lena. „Glaubst du, die andern lachen mich aus?“

Am anderen Ende ist es eine Weile still.

„Nee“, sagt Katrin dann. „Höchstens die Jungs. Aber die sind doch sowieso blöde.“

„Ja, klar, das stimmt“, sagt Lena nachdenklich. Sie sagt Katrin nicht, dass sie von den Jungs trotzdem nicht ausgelacht werden möchte. Auch wenn die blöde sind.
„Und in unserem Zimmer schlafen doch nur Ina und Olga“, sagt Katrin, „die den dann sehen. Und Ina ist nett, und Olga zählt nicht.“
„Stimmt“, sagt Lena wieder erleichtert. „Dann nehm ich ihn vielleicht doch mit.“
„Klar!“, sagt Katrin. „Ohne Kuscheltier, du spinnst doch!“
Dann will sie mit Anke weiter eine Popsendung sehen.

Als Lena am Montagmorgen ihre Waschtasche in den Koffer packt, legt sie Bollermann daneben. Aber so geht der Koffer nicht mehr zu, noch nicht mal, als Lena sich auf den Deckel setzt und mit dem Po ordentlich hüpft.
„Lena, was machst du denn da?“, fragt Papa verblüfft. Er kommt gerade aus der Dusche und sieht ziemlich verstrubbelt aus.
„Der geht überhaupt gar nicht zu!“, sagt Lena unglücklich. „Kannst du mal?“
Papa schüttelt den Kopf und hebt den Deckel an.
„Na, so kann das ja auch nichts werden!“, sagt er und

schüttelt den Kopf. „Wenn du das Riesenvieh da reinstopfst! Willst du ihn jetzt doch mitnehmen? Der kann doch während der Fahrt auf den Arm!“ Und er legt Bollermann neben dem Koffer auf den Boden und schließt den Deckel. Jetzt geht das natürlich ganz leicht.

Lena starrt ihren Hund an, wie er da vor ihr auf dem Teppich liegt. An manchen Stellen ist sein Fell vom vielen Kuscheln schon ganz durchgescheuert, und wo es früher einmal weiß war, ist es jetzt eher so ein komisches Grau. Und dann hat er natürlich nur noch das eine Ohr.
„Nee, Bollermann, das geht nicht!“, flüstert Lena. Papa ist schon wieder im Badezimmer verschwunden. „Auf dem Arm, das ist nicht so gut“, und sie öffnet vorsichtig die Tür zum Flurschrank. Da bewahrt Mama ordentlich zusammengefaltet all ihre leeren Plastiktüten auf, und die größte nimmt Lena sich jetzt. „Herrenbekleidungshaus Holdinger“ steht da in riesigen Druckbuchstaben drauf, und das passt doch ganz gut. Schließlich ist Bollermann ja auch ein Hundeherr und keine Hundedame.
„Lena?“, ruft Mama aus der Küche. „Frühstück ist fertig!“

Da stopft Lena Bollermann schnell in die Riesentüte. „Ist ja nicht für lange!", flüstert sie tröstend. „Im Heim darfst du wieder raus!"
Obwohl ein Stoffhund so was natürlich sowieso nicht versteht.

Pinkelpausenpech

Mama hat Lena ein riesengroßes Fresspaket mitgegeben, da sind all die leckeren Sachen drin, die Lena als Schulbrot sonst nie im Leben mitkriegt. Das Schulbrot muss gesund sein, sagt Mama immer, dann kann Lenas Gehirn besser lernen.

Aber auf der Klassenfahrt muss sie ja zum Glück kein bisschen lernen, und darum hat Mama ihr auch lauter ungesunde Süßigkeiten eingepackt und Limonade statt Apfelsaft mit Wasser, und eine doppelgroße Tüte mit Lenas Lieblingschips.
„Schön krümelig!", hat sie dazu gesagt. „Genau richtig für die Busfahrt."
Und nun stehen sie alle auf dem Schulhof, alle Kinder aus der Klasse und ganz viele Mütter und Väter, und sogar die

kleinen Geschwister sind bei manchen dabei, wenn die noch nicht in die Schule müssen. Der Bus parkt schon neben der Turnhalle, und der Busfahrer wuchtet gerade die Koffer in die großen Kofferklappen. Es ist alles so aufregend, dass Lena es fast nicht aushalten kann.
„Tschüs, meine Lenamaus!", sagt Mama und knuddelt

Lena noch einmal ordentlich doll. „Pass auf dich auf! Ich wünsch dir eine superschöne Zeit!"
Lena hält Mama ganz fest. Jetzt würde sie vielleicht doch am liebsten gar nicht fahren. Im Bauch hat sie ein ganz komisches Gefühl, und hinter ihren Augen fühlt es sich auch so an, als ob da gleich was raustropfen will.
„Ey, Arne, der macht die Tür auf!", brüllt Jonas da über den ganzen Schulhof. „Los, rein!"

Lena reißt sich los.
„Tschüs, Mama, tschüs!“, schreit sie und rast zum Bus. Jetzt ist es wichtig, dass Katrin und sie einen richtig guten Platz erwischen.

Die hintere Bank ist natürlich schon besetzt, als Lena einsteigt. Die haben sich die Jungs unter den Nagel gerissen, und das ist doch wieder mal typisch. Aber die anderen Plätze sind alle auch ganz schön.
„Lena, ey, hallo, Lena, hier sind wir!“, schreit Katrin und winkt. Sie sitzt ziemlich in der Mitte, wo die meisten Mädchen sitzen, aber als Lena näher kommt, sieht sie, dass der Platz neben Katrin schon besetzt ist.
„Ich denk, wir wollten zusammensitzen?“, sagt Lena und starrt Katrin böse an. „Wieso sitzt du denn jetzt mit Ina?“
Aber Katrin tippt sich nur an die Stirn. „Weil sie Erster hier war, du Dödel!“, sagt sie und zeigt auf die Bank vor sich. „Wir haben dir extra einen Platz freigehalten!“
Lena guckt immer noch

böse. Eine Reihe *vor* Katrin ist überhaupt nicht dasselbe wie *neben* Katrin. So sieht das ja aus, als ob *Ina* Katrins beste Freundin wäre! Und Lena darf gnädigerweise eine Reihe vor den beiden sitzen, ganz alleine. Da denkt doch jeder, sie ist eine, mit der keiner befreundet sein will. Lena merkt, wie das Nasse hinter ihren Augen mehr wird.

„Wir machen immer abwechselnd, oder?“, sagt Ina da und zupft sie an der Jacke. „Erst mal sitz ich hier mit Katrin, und dann sitzt du hier mit Katrin, und dann sitz ich hier mit dir und Katrin geht nach vorne. Das ist doch gerecht, oder, Lena?“

Lena guckt Ina an. Vielleicht geht es so.

„Na gut“, sagt sie. „Wie lange sitzt du noch da?“

Da sagt Katrin, dass sie das jetzt erst mal ausrechnen muss, damit es auch wirklich fair ist. Wenn die Fahrt anderthalb Stunden dauert, dann sind das neunzig Minuten, und das muss man dann durch drei teilen.

„Nee, nicht schon wieder Mathe!“, schreit Lena, und Ina stöhnt auch. Eigentlich ist sie ja ganz nett.

„Dreißig Minuten!“, sagt Katrin triumphierend. „Das ist doch babyeierleicht. Ina sitzt hier jetzt eine halbe Stunde, weil das dreißig Minuten sind, und dann sitzt du hier eine halbe Stunde, und dann muss ich in die Reihe davor, okay?“

Lena nickt. Für die Gerechtigkeit ist es manchmal ganz nützlich, dass Katrin so gut rechnen kann.

Als sie losgefahren sind, haben alle Eltern gewinkt, und manche haben sogar ihre Taschentücher geschwenkt und so getan, als ob sie sich Tränen abwischen müssen. Seyits und Olivers Väter sind neben dem Bus hergerannt, bis der auf der Straße war und Gas gegeben hat, und Lena hat ihr Gesicht ganz dicht an die Scheibe gepresst und zu Mama hingeguckt und gewinkt.

Aber dann gibt der Fahrer ordentlich Gas, und Lena denkt kein bisschen mehr an Mama. Dafür ist es im Bus viel zu aufregend.

„Ich glaub, ich verhunger gleich", sagt Katrin. Lena hat sich auf ihren Sitz gekniet, damit sie mit Katrin und Ina reden kann. „Habt ihr auch solchen Hunger?"

Lena sagt, dass sie auch gleich verhungert, und das ist doch komisch, wo sie in der Schule sonst eigentlich nie Hunger hat. Ihr Schulbrot bringt sie ganz oft wieder mit nach Hause, das ist natürlich schade für ihr Gehirn. Aber schließlich soll ja ihr Magen das Brot essen, und der hat in der Schule eben ganz oft keinen Hunger.

Aber heute hat er das doch.

„Ich hab saure Würmer!", sagt Lena. „Wollt ihr was abhaben?", und sie hält die Tüte nach hinten.

„Ich hab Minisalamis", sagt Katrin, und Inas Mutter hat Ina so einen niedlichen kleinen Beutel Minikäse mit rotem Wachs drum rum mitgegeben. Den mag Lena ziemlich gerne, weil man mit dem Wachs so schön kneten kann.

Da ist es doch eigentlich gut, dass Ina auch bei ihnen sitzt. „So, meine Damen und Herren“, sagt da plötzlich die Busfahrerstimme durch das Mikrofon. Im Bus wird es beinahe leise. „Ich begrüße euch herzlich an Bord meines Reisebusses auf unserer Fahrt an die Ostsee, und jetzt werde ich erst mal ein paar Ansagen machen, bevor hier noch was schief geht und wir Ärger kriegen.“
Als Erstes sagt der Busfahrer, dass während der Fahrt nicht gegessen werden darf, weil manche Kinder sonst spucken müssen, und außerdem will er keine Krümel und keine

Schokoladeflecken in seinem Bus. „Aber wir machen eine Pause!", ruft der Fahrer. „Da könnt ihr essen nach Herzenslust! Und natürlich Pipi machen!", und er lacht so ein albernes Lachen, das klingt durch das Mikrofon noch viel alberner.
Lena guckt Katrin an, und Katrin kneift die Mundwinkel ein. „Peinlich!", murmelt sie dann. „Pipi machen!"
Ina tippt sich an die Stirn. „Als ob wir Babys wären!", flüstert sie, aber da sagt der Busfahrer auch schon, dass er im Rückspiegel sehr genau sehen kann, wer sich nicht an sein Verbot hält und trotzdem isst, und den setzt er an der nächsten Raststätte raus. „Gnadenlos!", sagt der Busfahrer. Und Lena findet, dass es wirklich so klingt, als ob er das auch tun wird. Nicht mal Frau Schröder traut sich, mit ihm zu streiten. Und die Referendarin, bei der es in der Schule immer so laut ist, weil sie sich nicht durchsetzen kann, traut sich natürlich sowieso nicht.
Darum nimmt Lena noch schnell eine von Katrins kleinen Salamis und von Inas winzigen Käselaiben und wickelt sie ganz heimlich zwischen ihren Knien aus. Wenn sie so tut, als ob sie sich mal am Kinn kratzen muss, kann der Busfahrer ja wohl nicht sehen, dass sie sich in Wirklichkeit etwas in den Mund steckt.

Katrin hat an ihrer Armbanduhr den Weckton eingestellt, damit sie nach genau dreißig Minuten piept.

„Glaubst du, wir schlafen gleich alle ein?“, fragt Lena. „Bist du so eine alte Schnarchtüte?“
Da tippt Katrin sich an die Stirn und sagt, das ist schließlich nur, damit sie das Plätzetauschen nicht vergessen. Das ist für Lena ja wohl am wichtigsten.
Aber als die Uhr dann piept, hören sie sie trotzdem beinah nicht.
Weil der Busfahrer nämlich eine Kassette eingelegt hat, und Lena wundert sich, woher so ein alter Mann so genau weiß, was man in der dritten Klasse gerne hört. Zuerst spielt er drei Lieder für die Jungs, und danach dürfen die Mädchen sich einen Titel wünschen; und da stöhnen die Jungs und rollen mit den Augen, und Oliver sagt, wenn er das Lied noch einmal hören muss, fallen ihm garantiert die Ohren ab.
„Mir auch!“, sagt Thomas und guckt zu Katrin hin.
Thomas wohnt im Haus neben Katrin, darum kennen sie sich ziemlich gut. Schon seit sie Babys waren eigentlich.
„Typische Weibermusik, aber echt!“
„Hast du etwa was dagegen, wenn denen die Ohren abfallen?“, sagt Katrin so laut zu Lena auf dem Vordersitz,

dass Thomas es auch ganz bestimmt hört. „Nö, oder? Die sehen ohne Ohren bestimmt viel besser aus!“
Dann schreit sie zum Busfahrer nach vorne, dass sie bitte noch mal dasselbe Lied hören will, und Ina und Lena schreien, dass sie das bitte, bitte auch wollen.
Und genau in dem Augenblick piept Katrins Uhr.
„Plätzetausch!“, ruft Lena, und Ina mault auch überhaupt nicht und nimmt ihre Tasche und geht nach vorne. Jetzt kann Lena endlich hinten bei Katrin sitzen, das wurde aber auch Zeit. Weil Lena nämlich schon langsam ihre Beine wehtun vom vielen Knien.
„Die Jungs sind echt so was von bescheuert, oder?“, sagt Katrin.
Lena nickt. Dann guckt sie, ob Martin auch grade was Blödes ruft. Das würde sie nicht so gut finden.
Martin sitzt auf der letzten Bank mit Jonas und Arne und spielt ein Kartenspiel. Die drei sind alle in Lenas Fußballmannschaft, und wenn Lena Martin sieht, kriegt sie manchmal so ein komisches Gefühl überall und wird rot, das kommt vielleicht, weil er wirklich fast besser spielt als die meisten in der Nationalmannschaft und außerdem so eine schöne Zahnspange hat. Aber jetzt sitzt Martin ja so weit weg, dass sie nicht rot werden muss. Und gebrüllt hat er zum Glück auch nichts.
„Pinkelpause!“, sagt der Busfahrer da in sein Mikrofon. „Alle Plätze ordentlich zurücklassen, ich kontrollier das!

Ihr habt eine Viertelstunde, um mal für kleine Jungs zu gehen! Und für kleine Mädchen! Nicht, dass nachher in meinem Bus noch ein Unglück passiert!" Und er kurbelt an seinem riesigen Lenkrad, bis der Bus richtig in der Parkbucht steht.

„Für kleine Mädchen, der hat sie doch nicht mehr alle!", sagt Katrin.

„Aber ich geh trotzdem mal", sagt Lena und denkt an ihre Flasche Limonade. Die steckt längst leer getrunken in ihrem Rucksack.

„Lena?", ruft Ina hinter ihr her. „Lena, nimmst du deine Tüte nicht mit? Er hat doch gesagt, wir sollen die Plätze ordentlich zurücklassen!"

Lena dreht sich um. Ina hält die große Plastiktüte in der Hand, in der Lena ihren Bollermann versteckt hat. Die hat die ganze Zeit vor ihren Füßen gelegen.

„Gib her!“, sagt Lena unfreundlich. Nicht, dass Ina Bollermann womöglich noch rausholt und die anderen ihn sehen! Dann hätte sie ihn ja gleich auf den Arm nehmen können.
„In einer Viertelstunde wieder hier am Bus!“, ruft Frau Schröder.
Da rennt Lena hinter Katrin her.

Die Klos in der Raststätte sind wirklich sehr schön. Es gibt einen riesengroßen Raum mit Handwaschbecken und weißen Föhnkästen zum Händetrocknen an der Wand, und aus Lautsprechern kommt freundliche leise Musik.
Leider wartet vor den Klos eine ziemliche Schlange, weil gerade auch noch ein anderer Reisebus angekommen ist, da waren lauter alte Frauen drin, und die unterhalten sich jetzt ganz laut und lachen immer so albern, wie man das wirklich nicht mehr tun sollte, wenn man ungefähr hundert Jahre alt ist. Aber zwischendurch flitzt zum Glück eine Frau im weißen Kittel in die Klokabäuschen mit einem Eimer und einem Lappen, da muss es Lena nicht eklig sein.
Als Lena sich ihre Hände gewaschen hat und sie gerade ganz langsam in der Luft unter einem Föhn dreht, kramt Katrin am Ausgang schon in ihrer Geldbörse. Ganz vorne im Waschraum steht ein kleiner Tisch mit einem Teller mit Blümchenmuster drauf, auf dem liegen lauter Fünfzig-Cent-Stücke, die sind für die Frau, die die Klos zwischen-

durch immer sauber macht. Das ist ja kein so besonders schöner Beruf, da soll sie schon ordentlich Geld verdienen, findet Lena.

Aber dann kriegt sie doch einen Schreck. „Glaubst du, zwanzig reichen auch?", fragt Lena erschrocken und starrt in ihre Geldbörse. Auf dem Elternabend haben die Eltern nämlich beschlossen, dass jedes Kind nur allerhöchstens drei Euro mitnehmen darf, und Mama und Papa sind auch immer so gemein und halten sich daran. Für eine ganze Klassenreise ist das eigentlich gar nicht so viel. „Bei Kindern reichen doch auch zwanzig, oder?"

„Weil Kinder ja weniger pullern", sagt Katrin und kichert. „Klar reichen zwanzig", und dann flitzen sie die Treppe nach oben, und Lena hat ein bisschen ein schlechtes Gewissen. Aber dann denkt sie, dass sogar zwanzig Cent für einmal Pinkeln noch ziemlich teuer sind, wo sie das zu Hause und in der Schule immer gratis machen darf. Wenn sie gewusst hätte, dass sie auf dem schönen Klo schon gleich so viel Geld loswerden würde, hätte sie es vielleicht auch noch bis zum Schullandheim ausgehalten.

„Los, Beeilung!", brüllt Katrin. „Sonst fährt der noch ohne uns!"

Aber als sie am Bus ankommen, sind noch längst nicht alle Kinder da, und der Busfahrer lehnt neben der Tür und raucht. „Einsteigen könnt ihr meinetwegen", sagt er. „Aber wehe, es gibt ein Durcheinander!"

Die Jungs sitzen schon wieder auf der Rückbank und spielen Karten, und dann kommen allmählich auch die anderen Kinder angerannt, und Frau Schröder und die Referendarin zählen stumm, wie viele ihnen noch fehlen. Als Letzte kommen Svenja und Süheyda.
„Na, das wurde auch Zeit!“, sagt Frau Schröder und guckt auf ihre Uhr. „Fünfzehn Minuten, hatten wir gesagt!“
„Da waren so viele alte Frauen vor uns!“, sagt Süheyda. „Das hat so lange gedauert!“ Aber Lena hat genau gesehen, dass Svenja und sie sich am Kiosk noch Süßigkeiten gekauft haben. Da ist es ja kein Wunder, wenn sie jetzt zu spät kommen.
Und dann passiert etwas Schreckliches.
„Wir haben auch noch was gefunden!“, sagt Svenja und steht immer noch vorne neben der Tür. Dabei hat der Busfahrer längst seine Zigarette ausgedrückt und wartet, dass sie sich hinsetzt. „Da hat jemand im Klo eine Plastiktüte vergessen!“
Und dann hebt sie eine riesengroße Tragetüte hoch, die ist weiß, und auf der Seite ist ein Schriftzug, den braucht Lena gar nicht zu sehen, weil sie auch so schon Bescheid weiß. „Herrenhaus Holdinger“ steht auf der Tüte, und plötzlich fällt Lena wieder ein, dass sie die Tüte beim Händewaschen auf den Boden gelegt hat, und da hat sie sie auch liegen lassen, als sie zum Föhn gegangen ist, um sich die Hände trockenpusten zu lassen. Und dann musste sie ja

das Geld für den Blümchenteller raussuchen, und da hat sie ihren Bollermann ganz vergessen.
„Da ist so ein ekliges Teil drin!“, sagt Svenja und verzieht ihr Gesicht, als ob sie sich gleich schütteln muss. Dann greift sie in die Plastiktüte.
Lena wird ganz starr. Nicht!, denkt sie erschrocken. Bitte, bitte, lieber Gott, lass Svenja nicht …
Aber da hat Svenja auch schon mit spitzen Fingern Bollermann aus der Tüte gehoben und hält ihn an seinem einen

Ohr in die Luft. Sein Fell ist an manchen Stellen vom vielen Kuscheln schon ganz durchgescheuert, und wo es eigentlich weiß sein sollte, ist es jetzt eher so ein komisches Grau, und er guckt so traurig, als ob er ganz genau weiß, wie alt und schäbig er aussieht. „Gehört der jemandem?“

„Igitt!“, schreit Oliver. „Hast du den aus der Mülltonne geholt?“

„Nee, hat sie aus dem Klo gezogen, hat sie doch gesagt!“, brüllt André.

Seyit tut, als ob er sich übergeben muss. „Da gehört der aber auch hin!“, schreit er. „Ääähh, kotz, würg!“

Aber da springt Katrin auf und läuft nach vorne. Sie ist ganz rot im Gesicht geworden vor Wut. „Ihr seid ja alle so was von blöde!“, schreit sie und reißt Svenja mit der einen Hand Bollermann und mit der anderen die Plastiktüte aus der Hand. „Wie die kleinen Babys!“ Und dann geht sie zurück zu ihrem Platz und stopft Bollermann zurück in seine Tüte und stellt sie neben Lena auf den Sitz.

„Wir können abfahren“, sagt Frau Schröder.

Lena guckt nach unten auf ihre Knie. Jetzt sollte sie sich eigentlich bei Katrin bedanken, weil die Bollermann gerettet hat. Aber wenn sie jetzt hochguckt, kann jeder sehen, dass sie vielleicht gleich weinen muss.

Svenja ist ja so was von gemein! Die hat doch ganz genau gewusst, dass die Plastiktüte Lena gehört, da hätte sie sie ihr ja auch einfach nur zurückgeben können. Aber sie wollte natürlich lieber, dass alle über Bollermann lachen. Und über Lena. Genau wie im Matheunterricht.

Der arme alte Bollermann! Der musste das alles aushalten, und Lena hat sich noch nicht mal selber getraut, ihn zu retten. Da hat der doch gemerkt, dass sie sich für ihn schämt. Bestimmt ist er deswegen jetzt traurig.

Obwohl Stofftiere ja natürlich nicht denken können, das weiß Lena ja auch. Und traurig sein können die auch nicht. Aber trotzdem.

„Das ist doch so eine doofe Kuh!“, sagt da Katrin wütend auf dem Sitz neben Lena. „Na, da können wir bloß froh sein, dass wir mit der und ihrer beknackten Süheyda nicht in einem Zimmer gelandet sind, oder? Da ist Olga jede Wette besser.“

Der Busfahrer legt wieder seine Kassette ein. „Endspurt!“, sagt er durch sein Mikrofon. „Dieselben Regeln.“

Lena zieht die Nase hoch. Ein Glück, dass Katrin so eine gute Freundin ist.

Chaos und ein Vampirsarg

Als sie im Schullandheim ankommen, geht es Lena schon wieder viel besser.
Ina hat gesagt, dass sie ihren Kuschelaffen auch im Koffer versteckt hat, weil er ihr ein kleines bisschen peinlich war, und Katrin hat gesagt, ein Kuscheltier *muss* abgegrabbelt sein, sonst kann man ja gar nicht sehen, dass man es lieb hat. Und außerdem hat Svenja jede Wette auch ihr Kuscheltier mitgenommen und die Jungs auch, die tun jetzt nur so cool. Da werden sie im Heim mal ganz schön in die Jungszimmer schleichen, wenn die Jungs grade wieder draußen irgendwo den Dicken markieren, und danach suchen.
„Genau!", sagt Lena.
Aber als Erstes müssen sie ihre Zimmer beziehen.
Das Heim sieht aus wie ein großes altes Bauernhaus, sogar mit einem Strohdach auf der einen Hälfte, und als Lena ihren Koffer durch die Tür rollt, weiß sie plötzlich genau, dass die Klassenreise ganz wunderbar gut werden wird, egal, wie blöde Svenja und die Jungs im Bus vorhin waren. Weil das Heim so schön altmodisch und gemütlich aussieht

mit seinen dunkelbraunen holzgetäfelten Wänden, in die haben die Besucherkinder bestimmt schon seit hundert Jahren ihre Namen reingeritzt. Und die Treppe zum Obergeschoss ist auch so steil und so schmal, dass Lena sich gar nicht vorstellen kann, wie man da seinen Koffer hochkriegen soll.

„Schön, oder, Ina?“, flüstert Lena, weil Ina grade neben ihr steht.

„Krass!“, flüstert Ina zurück, aber da sagt Frau Schröder, dass zuerst mal jede Gruppe in ihr Zimmer gehen und auspacken soll, und welche Zimmer das sind, zeigt die Heimleiterin ihnen jetzt.

Als Erste kriegen die Jungs ihre Sechserzimmer gezeigt, und dann kommen das Siebenerzimmer von Imke und das

Fünfer von Svenja dran. Lena zählt schnell die Türen. Da ist überhaupt keine mehr übrig, nur noch das Jungsbadezimmer und das Mädchenbadezimmer.
„Und wo sollen *wir* hin?“, flüstert sie und zupft Katrin an der Jacke. „Katrin! Da ist ja gar kein Zimmer mehr!“
„Und jetzt die letzte Gruppe“, sagt die Heimleiterin jetzt und kommt zu Katrin, Lena und Ina, die zusammen neben der Eingangstür warten. Olga steht immer noch alleine ein paar Schritte von ihnen entfernt. „Für euch hab ich etwas ganz Besonderes. Ihr kriegt unser Turmzimmer“, und dann geht sie voraus die Treppe nach oben, und Lena denkt, dass sie vielleicht doch weniger hätte einpacken sollen, weil ihr Koffer so schrecklich schwer ist, dass sie ihn kaum die Stufen hochwuchten kann.
„Einen Turm haben wir hier natürlich nicht“, sagt die Heimleiterin. „Aber weil das Zimmer oben ist und auch so abgelegen von allen anderen, heißt es nun mal so“, und dann biegt sie im ersten Stock neben der Treppe nach rechts ab in einen winzigen schmalen Flur. Ganz an seinem Ende liegt nur ein einziges Zimmer.
„Bitte schön!“, sagt die Heimleiterin. „Wo das Badezimmer ist, wisst ihr ja. Da müsst ihr die Treppe wieder runter.“ Dann dreht sie sich um und geht.

„Geil!“, schreit Katrin und lässt ihren Koffer gleich neben der Tür auf den Boden donnern. „Total alleine!“

Lena überlegt einen Augenblick, ob sie das vielleicht gruselig finden soll, aber dann guckt sie sich lieber erst mal um. Das Zimmer ist ziemlich klein, aber bestimmt ist es das schönste von allen. Rechts und links an den Wänden stehen zwei Doppelstockbetten und dahinter auf jeder Seite zwei Schränke, und in der Mitte gibt es sogar einen Tisch, aber ohne Stühle. Dafür wäre ja auch gar kein Platz. Und an der Wand gegenüber der Tür ist ein großes Fenster, über dem ist ein rotes Schild angeschraubt, darauf steht „Notausgang". Und als Lena zum Fenster geht, um nach draußen zu gucken, sieht sie, dass davor eine Wendeltreppe aus Metall in den Garten führt.

„Feuerleiter!", sagt Katrin begeistert. „Krass! Da können wir nachts heimlich abhauen!"

Dann schleudert sie ihren Rucksack auf das obere Bett auf der rechten Seite. „Das ist meins! Reserviert!"

Lena denkt, dass das mal wieder typisch ist. Jeder kann sehen, dass es nur zwei obere Betten gibt, und dabei sind sie vier Mädchen, auch wenn man von Olga bisher ja noch nicht so viel gehört hat. Und die möchten doch bestimmt alle gerne oben schlafen, Lena will das jedenfalls. Aber Katrin tut natürlich gleich wieder so, als ob eins von den beiden guten Betten ganz selbstverständlich ihr gehört.

„Dann nehm ich das da drunter", sagt Ina. „Ich mag oben nicht so gerne. Das hat ja kein Gitter!"

Lena starrt Ina an. Wie kann jemand ganz im Ernst lieber

unten schlafen als oben? So was hat Lena ja noch nie gehört! Aber andererseits ist es doch auch ziemlich mutig von Ina, wenn sie zugibt, dass sie Angst hat. Und natürlich ist es auch praktisch.
„Nee, Gitter haben die Betten ja leider nicht“, sagt Lena schlau und guckt Olga nicht an dabei. „Man kann ziemlich leicht rausfallen, wenn man oben schläft. Aber ich würde mich trotzdem trauen, in dem anderen Hochbett zu schlafen.“
Vielleicht kommt sie sich ein kleines bisschen gemein vor dabei. Darum dreht sie sich jetzt doch zu Olga um. „Oder

willst du?“, fragt Lena. „Willst du oben?“ Aber sie fragt vorsichtshalber in so einem Ton, dass Olga versteht, dass sie nein sagen muss.
„Ich finde alle Betten schön“, sagt Olga da auch, und Lena denkt, dass man eigentlich gar nicht mehr so doll hören kann, dass sie aus Russland kommt. „Ich finde das Zimmer schön, alles.“
„Na, dann ist das ja geregelt!“, sagt Katrin energisch. „Lena und ich oben, Ina und Olga unten. Und jetzt werden die Betten bezogen.“
„Wer zuerst fertig ist!“, schreit Lena, weil Mama ihr gestern Nachmittag noch gezeigt hat, wie man das macht, und jede Wette ist sie darum gleich am schnellsten.
Dann stürzen sie sich alle vier auf ihre Koffer.

Aber Lena hat sich getäuscht. Weil Olga nämlich als Erste fertig ist, und sie sagt, das ist auch kein Wunder, weil sie das zu Hause doch jede Woche für die ganze Familie machen muss.
„Und wir sind ja fünf“, sagt Olga und hält ihre rechte Hand mit fünf gespreizten Fingern in die Luft, als ob sie sich entschuldigen will. „Meine kleinen Brüder auch noch. Da hab ich ja Übung.“
Dafür hat Olga aber die langweiligste Bettwäsche von allen, findet Lena, nur so blauweiß gestreift und schon ganz verwaschen. Katrin hat natürlich teure Pferdebett-

wäsche mit ganz vielen kleinen Pferden auf der Bettdecke und einem riesigen Pferdekopf auf dem Kopfkissen, und Ina hat Pocahontas.

Aber am allerschönsten findet Lena doch ihre eigenen Sachen. Die Bettdecke ist hellblau mit mindestens tausend weißen Sternen drauf, und über das Kopfkissen läuft eine kleine Maus, die hat so eine niedliche Nachtmütze auf dem Kopf und hält eine Kerze in der Hand.

„So!“, sagt da plötzlich Frau Schröder und kommt ein paar Schritte zu ihnen ins Zimmer. „Hier seid ihr also! Na, ihr habt es aber schön getroffen.“ Sie guckt sich um. „Und ihr habt sogar schon die Betten bezogen! Ist alles in Ordnung bei euch?“

Katrin schmeißt gerade Elsa nach oben auf ihr Kopfkissen. „Klar!“, sagt sie, ohne Frau Schröder anzugucken.

„Logisch!“

Frau Schröder lacht. „Na, dann kann ich ja wieder gehen und den Letzten beim Bettenbeziehen helfen“, sagt sie. „Da

haben einige ganz schön zu kämpfen. Um zwölf treffen wir uns unten im Aufenthaltsraum, in Ordnung?“ Und sie verschwindet durch die Tür.
„Dass da welche nicht mal Betten beziehen können!“, sagt Katrin und schüttelt den Kopf. „Aber echt.“
Lena legt Bollermann auf ihr Kopfkissen. Jetzt kennen ihn ja sowieso schon alle. Sie sagt nicht, dass das Bettenbeziehen bei Katrin auch ganz schön lange gedauert hat.
„Das sind bestimmt die Jungs“, sagt Ina. „Die können doch sowieso nichts.“
Katrin nickt. „Und die beknackte Imke!“, sagt sie. „Jede Wette!“
„Und Svenja und ihre blöde Süheyda!“, sagt Lena, und jetzt fühlt sie sich plötzlich richtig gut.
„Das glaub ich auch“, sagt Olga und guckt vorsichtig zu Katrin hin, ob sie das auch sagen darf.
Vielleicht ist Olga ja doch ganz nett.

Bevor sie nach unten in den Aufenthaltsraum gehen, sagt Katrin, dass sie vorher aber noch mal unbedingt das ganze Stockwerk angucken müssen.
„Wieso das ganze Stockwerk?“, fragt Lena. „Da sind doch nur wir!“, aber Katrin zeigt ihr einen Vogel und sagt, nee, sie sind nur die Einzigen auf dem Flur *rechts* neben der Treppe, aber *links* geht ja auch noch ein Flur ab, und bestimmt sind da auch noch ein paar Zimmer.

Und wirklich, Katrin hat Recht. Links von der Treppe ist ein Flur, der ist ein bisschen breiter als ihrer, und da ist auf der einen Seite eine Tür und auf der anderen steht eine alte Truhe aus dunklem Holz mit schwarzen Beschlägen, die ist so groß, dass da glatt ein ganzer Mensch reinpassen würde.
„Ein Sarg!“, flüstert Katrin aufgeregt und beugt sich darüber. „Wetten, das ist ein Vampirsarg?“
„Nein, das ist ja nur eine Truhe, Katrin“, sagt Olga beruhigend und lacht ein bisschen. „Da tut man Wäsche rein, verstehst du? Guck mal!“ Und sie will schon den Deckel hochklappen.
Aber da drückt Katrin sie zur Seite.

„Wenn ich sage, das ist ein Vampirsarg, dann ist das vielleicht auch ein Vampirsarg, oder?“, sagt sie böse. Nicht, dass Olga noch denkt, sie kann sich jetzt alles erlauben, nur weil sie nicht gemein zu ihr sind.
Lena weiß nicht so richtig, auf wessen Seite sie ist. Eigentlich findet sie es ganz gut, dass Olga keine Angst vor der Truhe hat und sagt, da ist nur Wäsche drin. Dann ist es nicht so gruselig. Aber andererseits wäre es natürlich auch schön gewesen, wenn sie so getan hätten, als ob die Truhe ein Vampirsarg ist.
„Vielleicht ist es eine Wäschetruhe, die von einem Vampir als Vampirsarg benutzt wird!“, sagt Lena darum. „Oder, Katrin? So glaub ich das.“
Aber Katrin ist immer noch eingeschnappt. Darum antwortet sie gar nicht und geht einfach zu der Tür auf der anderen Seite und drückt die Klinke nach unten.
„Na bitte!“, sagt sie zufrieden. „Nicht abgeschlossen.“
Aber dann holt sie einmal tief Luft.
„Wow!“, sagt Katrin und gibt den Eingang frei, damit Ina und Lena auch mal gucken können. „So ein Chaos!“
Lena luschert vorsichtig um die Ecke und schnauft. Natürlich ist ihr Zimmer zu Hause meistens auch nicht so richtig gut aufgeräumt, dafür sammelt sie ja viel zu viele Sachen: alte Fahrscheine und leere Tintenpatronen und puscheliges Hundefell, das dem riesengroßen Hirtenhund in dem Haus hinter der Schule immer ausfällt, und schöne

Stifte und Muscheln und sowieso alles. Wenn man so viele Sachen sammelt, kann das Zimmer ja gar nicht immer aufgeräumt sein.
Aber so wie in diesem Zimmer hat es bei Lena vielleicht doch noch nie ausgesehen. Drei Bettdecken liegen zerkrumpelt neben den Betten auf dem Boden und

schmutzige T-Shirts und leere Chipstüten und eine Fußball-Zeitschrift und ein Gameboyspiel, und mitten im Zimmer steht aufgeklappt ein Koffer, aus dem hängen alle möglichen Klamotten raus. Und dazwischen stehen

Flaschen mit Cola, und eine ist sogar umgekippt, und daneben ist richtig eine kleine Colapfütze auf dem Fußboden.
„Nee, aber wirklich!“, sagt Ina und schüttelt den Kopf.
„Seid ihr sicher, dass die Jungs im Erdgeschoss schlafen?“, sagt Lena und kichert.
Katrin seufzt. „Und mit solchen müssen wir auf einem Stockwerk wohnen!“, sagt sie. „Dann schon lieber mit einem Vampir!“
Olga nickt. „Das finde ich auch“, sagt sie tapfer, und da ist Katrin ihr vielleicht nicht mehr böse, und sie sind alle vier wieder vertragen.

Ein heiliger Stein und Jungs in Unterhosen

Für ein Schullandheim schmeckt das Essen gar nicht so schlecht, sagt Katrin, und das findet Lena auch. Es gibt Spagetti und rote Soße, und wer keine Soße will, kann seine Spagetti auch ohne essen. Das ist ja besser als im Restaurant.

Zu trinken gibt es leider nur Wasser aus großen Glaskrügen, aber Ina sagt, im Wasser ist wenigstens kein Zucker, darum ist es gesund für die Zähne. Und Katrin sagt, Kalorien hat es auch keine, das sind nämlich die Dinger, die einen dick machen, und darum findet sie Wasser auch gut. Das kann Lena Mama ja alles mal erklären, wenn sie wieder zu Hause ist.

„Und nach dem Essen erkunden wir alle zusammen die Gegend!", ruft Frau Schröder durch den Lärm. In der Klasse ist es bei ihr im Unterricht immer schön ruhig, aber jetzt kann man sie kaum verstehen über all dem Löffelgekratze. „Habt ihr gehört? Um zwei Uhr vor der Tür! Und Regenjacken nicht vergessen!"

Als Lena und Katrin auf dem Weg in ihr Zimmer an der

Tür zum zweiten Speisesaal vorbeikommen, hält Katrin Lena plötzlich fest. „Guck da mal rein!“, flüstert sie. „Das ist bestimmt die Klasse von denen, die das rummelige Zimmer bei uns oben haben!“

Lena guckt über Katrins Schulter. „Die sind doch mindestens schon Vierte!“, flüstert sie verblüfft. „Da ist man doch nicht mehr so unordentlich!“

Katrin zieht sie weiter. „Männer schon“, sagt sie mit Überzeugung. „Männer immer. Frag mich nicht, wie das bei Thomas immer aussieht. Ich sag dir, das Zimmer gehört den Jungs aus der Klasse eben. Das Zimmer bei uns.“

„Nee!“, sagt Lena erschrocken. Zu viert ganz alleine mit Jungs im selben Stockwerk zu schlafen ist ja schon schlimm genug, wenn es Jungs aus der eigenen Klasse sind. Aber mit solchen Chaoten aus einer fremden Vierten, die man nicht mal kennt, ist es fast schon gruselig. „Wenn die uns nun ärgern?“

„Das sollen die sich mal trauen!“, sagt Katrin, und dabei wirft sie ihren Kopf so wild in den Nacken, dass Lena sich beinahe vorstellen kann, dass sich bei Katrin im Leben kein Junge trauen würde.

Als sie zu ihrer Wanderung aufbrechen, regnet es nur ein bisschen.
„Das ist gut für die Natur“, sagt Katrin und setzt sich ihre Kapuze auf. „In der Wüste würden die sich freuen.“
Darum spielen sie, dass sie Beduinen in der Wüste sind, die sich über den Regen freuen und wilde Beduinentänze tanzen, und Olga darf auch mitmachen und ist das Kamel. Aber dann wird das Spiel Lena langweilig. Zum Glück sind sie jetzt auch schon am Strand angekommen, und da ist es so schön, dass überhaupt keiner mehr merkt, ob es regnet oder nicht.
Das Meer liegt still und grau im Regen und reicht bis zum Horizont, und irgendwo ganz weit draußen fährt ein einsames Schiff. Aus dem Sand gucken ein zusammenge-

knülltes Handtuch und eine leere Flasche Sonnenöl, und auf dem Wasser, nur ein paar Schwimmstöße entfernt, torkelt eine blaue Badeinsel an ihrer Kette, von der führt eine rote Rutsche direkt ins Wasser.

„Krass!“, schreit Katrin. „Dürfen wir morgen baden?“
Frau Schröder sagt, da müssen sie nicht ihre Lehrerin fragen, sondern Petrus oben im Himmel, und Thomas brüllt, dass ihm das Wetter sowieso nichts ausmacht und dass er im Urlaub in Dänemark *immer* im Regen badet.
„Ich auch!“, schreit Maik und will sich schon seinen Anorak ausziehen. „Los, wir schwimmen da rüber!“
Aber da sagt Frau Schröder, dass sie keine Lust hat, die Klassenreise mit einem Haufen schniefender, niesender Kinder zu verbringen, und darum ist Badetag nur bei schönem Wetter.
„Aber dürfen wir Muscheln sammeln, Frau Schröder?“, fragt Imke, und Lena denkt, dass das nun wirklich die allerblödeste Frage ist, weil sie noch nie gehört hat, dass sich jemand beim Muschelsammeln erkältet hat.
„Habt ihr denn überhaupt was dabei, wo ihr eure Muscheln reintun könnt?“, fragt Frau Schröder, aber das hört Lena schon gar nicht mehr richtig, weil sie längst auf den Boden guckt und mit ganz kleinen Schritten vornübergebeugt den Sand absucht.
Klassenreise ist wirklich tausendmal besser als Schule.

So besonders viele Muscheln gibt es an diesem Strand leider nicht, aber drei ziemlich schöne hat Lena trotzdem schon gefunden, die scheppern jetzt in der Tasche von ihrer Regenjacke.

Frau Schröder und die Referendarin stehen ein paar Schritte entfernt und trampeln ein bisschen mit den Füßen und schlagen sich mit den Armen über Kreuz auf den Rücken und unterhalten sich, und neben ihnen liegen viele verschiedene Häufchen mit Muscheln. Manche Kinder haben sich ihre Schuhe ausgezogen und die Hosenbeine ein bisschen hochgekrempelt und warten ganz vorne, wo der Sand von den Wellen geriffelt und fast so hart ist wie Stein, bis ihnen das Wasser über die Füße schwappt.

„Passt auf, dass eure Hosen nicht nass werden!“, ruft Frau Schröder. Aber Lena hat sowieso nicht vor, mit dem Muschelsammeln aufzuhören, darum ist es für sie nicht so wichtig. Sie will mindestens ungefähr hundert schöne Muscheln zusammenkriegen, die bringt sie Mama dann mit als Reisesouvenir. Und Mama freut sich ganz doll und kann sie zu Hause im Badezimmer auf ihr Glasbord legen, das hat Lena mal im Fernsehen gesehen.

„Krass!“, schreit Katrin da plötzlich. „Kommt mal her, schnell!“ Und dann beugt sie sich nach unten und hebt etwas auf und klopft es an der Seite von ihrem Anorak ab. Dabei guckt sie sich so verstohlen um, wie Diebe in Filmen das tun, wenn sie nicht wollen, dass der Kaufhausdetektiv merkt, dass sie etwas geklaut haben. „Guckt mal, was ich gefunden habe!“ Und sie hält beide Hände geschlossen vor ihren Bauch, und daran, wie sie sie hält, kann man schon sehen, dass das, was darin ist, ziemlich schwer sein muss.

„Was denn?“, fragt Lena und bückt sich noch schnell nach einer Muschel. Aber von der ist ein Stück abgebrochen, darum kommt sie für Mamas Badezimmerbord nicht in Frage.
„Lass mal sehen!“, sagt Ina und versucht, Katrins Hände auseinander zu biegen.
Olga stellt sich einfach dazu und tut, als ob das ganz normal ist. So furchtbar doll stört sie aber eigentlich auch nicht.
„Einen heiligen Stein!“, flüstert Katrin und macht vorsichtig einen Schritt zurück. „Psst, Mensch! Muss doch nicht jeder gleich sehen!“
„Einen heiligen Stein?“, fragt Lena verblüfft. Davon hat sie nun wirklich noch nie gehört. Aber es ist ja kein Wunder, dass ausgerechnet Katrin wieder einen findet.
„Lass mal gucken!“, sagt Ina noch mal.
Katrin biegt ihre Hände auseinander.
Auf ihrer Handfläche liegt ein Stein, der ist grau und gnubbelig und so groß, dass er sogar ihre Finger noch mit verdeckt, und hat eine sehr sonderbare Form.
„Der heilige Stein des Meeres!“, flüstert Katrin.
Lena starrt den Stein an. An einer Seite, wo er ein bisschen schmaler wird, geht ein Loch durch ihn hindurch, das ist kreisrund und so groß, dass man bestimmt einen Bleistift durchstecken könnte. Das Loch ist wirklich sehr besonders.
„Krass!“, flüstert Ina.

„Dies ist der heilige Stein des Meeres!“, flüstert Katrin wieder, und Lena wundert sich ein bisschen. Von solchen Sachen redet Katrin sonst eigentlich nicht so viel. Katrin ist eine, die was von Fernsehsendungen versteht und von Popstars, und dass sie sich mit heiligen Sachen auskennt, ist nun doch eine Überraschung.
Aber da mischt Olga sich plötzlich ein.
„Oh ja, das seh ich!“, sagt sie. „Der sieht sehr heilig aus!“
Und weil Olga sonntags mit ihrer Schleife im Haar immer in die Kirche geht, kann ja vielleicht doch etwas dran sein an der Geschichte.
„Nicht so laut!“, flüstert Katrin. „Sonst kriegen die andern das noch mit und rauben ihn uns!“
Da hat Lena plötzlich ein wunderbar kribbeliges Gefühl im Bauch. „Bloß nicht!“, flüstert sie glücklich, und sie hofft, dass vielleicht wenigstens die Jungs gerade zu ihnen

hingucken. Die wollen den Stein doch dann bestimmt sofort rauben. „Fotografier ihn mal, Ina!“
Ina hat ihren Fotoapparat mit an den Strand genommen, den hat sie gerade erst zum Geburtstag gekriegt. Er ist sehr schön und winzig und silbern und hat bestimmt ziemlich viel Geld gekostet. Ina hat schon tausendmal Rüdiger fotografiert damit, und die Fotos hat sie Lena vorhin in ihrem Zimmer auf dem Display gezeigt, weil sie die ja gespeichert hat.
„Ja, los, fotografier ihn!“, sagt Katrin. „Den heiligen, heiligen Stein!“ Und sie öffnet ihre Hände weit, und Ina drückt auf den Auslöser.
„Ist was geworden!“, sagt sie dann und guckt aufs Display. „Gut, oder?“
Da steht plötzlich Svenja hinter ihnen. „Was habt ihr denn da?“, fragt sie und versucht, über Lenas Schulter zu gucken. „Was glotzt ihr denn da die ganze Zeit so?“
„Geht dich gar nichts an!“, sagt Katrin kämpferisch und legt ihre Hand wieder über den Stein. Aber ein winziges bisschen ist er zwischen ihren Fingern immer noch zu sehen. „Verpup dich!“
„Habt ihr wieder so ein verschimmeltes, ekliges Kuscheltier gefunden?“, sagt Svenja laut. „Ein Glück, dass ihr die Treppe hoch schlaft, aber echt! Dass man nicht die ganze Zeit den Gestank von dem Mülltonnenmonster riechen muss!“

„Du bist gemein!“, schreit Ina, und das ist doch wirklich nett von ihr. Schließlich ist Bollermann ja gar nicht *ihr* Kuscheltier.
„Du bist ja nur neidisch, weil du nicht weißt, was wir haben!“, sagt Lena und fühlt sich gleich ein bisschen besser. „Unser Geheimnis! Du willst ja nur ablenken!“
„Genau!“, sagt Olga mutig.
„Das ist doch jede Wette sowieso nur Babykram, was ihr da gefunden habt!“, sagt Svenja. „Da steh ich doch drüber!“ Und sie dreht sich um und geht zu Merve und Süheyda und Ami Rasoulé zurück. Dann stehen sie alle vier da und tuscheln, und zwischendurch drehen sie sich um und gucken zu Katrin hin.

„Wir wollen weiter!“, ruft Frau Schröder und klatscht in die Hände. „Vergesst nicht eure Muscheln, wenn ihr die mitnehmen wollt!“

Katrin lässt den Stein vorsichtig in ihrer Jackentasche verschwinden.
„Der kann heilige, heilige Wunder zaubern“, sagt sie mit dunkler Stimme. „Heilige, heilige Wunder des Meeres.“
Da hat Lena die blöde Svenja schon fast wieder vergessen.

Bestimmt hat Frau Schröder dieses Schullandheim extra ausgesucht, weil es von allen das allerschönste ist, denkt Lena, als sie zwischen Katrin und Olga und Ina immer in die Wellen läuft und danach ganz schnell rückwärts wieder raus, damit ihre hochgekrempelte Hose nicht zu nass wird. Ihre Schuhe mit den Socken drin tragen sie alle in der Hand. Ein Glück, dass sie nicht in die Pfalz gefahren sind. Oder nach Mallorca.
So ganz viele Muscheln gibt es vielleicht nicht, aber dafür hat Maik hinter einer Buhne einen lebendigen Krebs entdeckt, der ist in einem Düsentempo so ganz komisch über den Strand gesaust, und die Referendarin hat denen, die stehen geblieben sind, erklärt, dass Krebse nicht vorwärts oder rückwärts gehen wie normale Menschen, sondern seitwärts. Das wusste Lena sowieso längst, aber Katrin und sie haben trotzdem noch bis zum Schluss zugehört, weil die Referendarin mal Sachkundelehrerin werden will, und da muss man ihr doch eine Chance geben zu üben, hat Katrin gesagt.
„Nicht immer so weit rein!“, ruft Frau Schröder, als

Thomas und Jonas und Seyit und Maik und Martin und Oliver eine Kette machen und mit wildem Spritzen in die Ostsee rennen. „Hallo, Jungs! Vorne bleiben! Nicht immer so weit …“ Dann stößt sie einen kleinen Schrei aus. „Na wunderbar“, sagt Frau Schröder. „Das war's dann also.“
Jetzt kommt nämlich gerade eine riesige Welle angerollt, die ist vielleicht nicht so hoch wie die Wellen im Fernsehen, auf denen braun gebrannte Leute in Badehose so ganz lebensgefährlich in der Gischt surfen, aber ganz schön hoch ist sie trotzdem, bestimmt bis zum Knie. Und vorne dran hat sie auch ganz richtig einen breiten Streifen aus weißem Schaum, und die Jungs brüllen wie verrückt, als sie sie auf sich zukommen sehen. Martin reißt seine Hände aus Maiks Hand und aus Olivers Hand und rast so schnell zum Strand zurück, wie er sonst immer nur sonntags aufs gegnerische Tor losstürmt.
Aber die anderen fünf bleiben stehen. „Wow!“, brüllt Jonas und wirft seine Arme in die Luft. „Jabba-dabba-du!“
„Jabba-dabba-du!“, brüllt Oliver, und da ist die Welle auch schon bei ihnen angekommen, und Frau Schröder schreit „Nein!“, und dann machen auch alle Kinder am Strand einen panischen Satz rückwärts, weil das Wasser dieses Mal ganz weit hoch auf den Sand läuft. Aber Lenas Füße sind ja sowieso schon nass.
Draußen im Wasser schlagen die Jungs sich gegenseitig auf die Schultern und brüllen vor Lachen.

„Krass!“, schreit Thomas und zeigt mit dem ausgestreckten Zeigefinger auf Maik und Oliver und Jonas, denen ihre Jeans pitschnass um die Beine schlottern. „Habt ihr euch in die Hose gepisst?“ Und es klingt, als wolle er sich totlachen.

„Du hast dir wohl selber in die Hose gepisst, Alter!“, schreit Jonas und zeigt auf Thomas. „Bist du nicht rechtzeitig aufs Töpfchen gekommen?“

„Nee, seine Mama hat vergessen, ihm die Windel umzumachen!“, schreit Oliver. Aber dann guckt er an seinen eigenen Beinen nach unten, und da ist er lieber still.

„Thomas!“, ruft Frau Schröder. „Jonas! Seyit! Oliver! Maik! Was hatte ich euch gesagt?“

Aber dafür ist es nun leider zu spät. Die Jungs stehen am Strand im trockenen Sand und sehen aus, als hätte ihnen jemand die Beine abgeduscht.
„Schnell!“, ruft Katrin. „Ina! Fotografier die!“
Ina fängt an, in ihrem Rucksack zu kramen.
„Beeil dich!“, ruft Lena auch. Das gibt ein supergutes Foto, das können sie sich zu Hause ausdrucken und allen zeigen, damit die mal sehen, was für einen Blödsinn die Jungs immer anstellen. Ein Glück, dass Martin da nicht mitgemacht hat. Den kann Ina dann lieber fotografieren, wenn er gerade ein Tor schießt.
„Dann müssen wir unseren kleinen Spaziergang wohl leider hier abbrechen“, sagt Frau Schröder. „So kann ich ja mit euch nicht noch stundenlang durch die Gegend laufen. Ihr holt euch ja den Tod.“ Und sie dreht sich um und geht ohne ein weiteres Wort in Richtung Schullandheim zurück.
„Gemein!“, sagt Katrin böse. „Als ob wir was dafür können!“
„Genau!“, sagt Lena. Ihr würde es nicht so viel ausmachen, wenn die Jungs morgen alle einen richtig guten Schnupfen hätten und die ganze Zeit niesen müssten. Das würde denen endlich mal recht geschehen.
„Ina!“, ruft Katrin jetzt wieder. „Was ist denn? Beeil dich mal mit dem Foto!“
Jetzt hat Thomas nämlich tatsächlich sogar angefangen, seine Jeans aufzuknöpfen. Dann lässt er sie einfach in den

Sand plumpsen. „Weg damit!“, sagt er und breitet die Arme aus. „Der Wind der Südsee wird mich trocknen.“
„Südsee, du hast sie ja nicht mehr alle!“, sagt Oliver, aber dann zieht er sich seine Hose auch aus, und Jonas und Maik und Seyit tun das jetzt auch. Da stehen sie alle fünf in ihren Unterhosen im Sand und hüpfen auf und ab, um trocken zu werden.
„Ina!“, kreischt Katrin. „Ich glaub's ja nicht! Foto machen! Beeil dich!“

„Macht ihr jetzt Striptease, oder was?“, fragt Lena und kichert.
Die Jungs sehen wirklich ziemlich komisch aus, wie sie da nur in ihren Unterhosen und mit Gänsehaut an den Beinen hüpfen und trampeln. Jonas und Thomas haben Boxershorts an, aber Oliver und Maik tragen noch so altmodische Kinderunterhosen, und bei Oliver sind sogar lauter kleine Figuren darauf, das sollen vielleicht welche aus Star Wars sein.
„Ina!“, schreit Katrin, und ihre Stimme überschlägt sich beinahe. „Foto!“
Aber Ina starrt sie nur verzweifelt an. „Mein Fotoapparat ist weg!“, flüstert sie und reißt ihre Augen ganz weit auf. Man kann genau sehen, dass sie bestimmt gleich anfängt zu weinen.

Inas Fotoapparat ist verschwunden

„Katrin!“, schreit Lena. „Hast du gehört? Inas Fotoapparat ist weg!“
„Kann ja gar nicht“, sagt Katrin, und endlich hört sie auf, immerzu die Jungs anzustarren. „Hast du auch wirklich genau nachgeguckt?“
Dann nimmt sie Ina ihren Rucksack einfach ab und kramt darin herum, und als sie dabei den Fotoapparat auch nicht findet, nimmt sie alles heraus und legt es in den Sand: eine Rolle Gummidrops und einen Kamm und einen zusammengerollten Schal und ein Päckchen Tempotaschentücher und eine kleine pinke Geldbörse mit Glitzer.
„Nee!“, sagt Katrin und schüttelt den Kopf. „Da ist echt nichts.“
„Hast du die Kamera vorhin vielleicht liegen lassen?“, fragt Lena. „Als du den heiligen Stein fotografiert hast?“
Ina zieht die Nase hoch. „Die war doch noch ganz neu!“, sagt sie, und weil sie so weinen muss, kann Lena sie fast überhaupt nicht verstehen. „Da wird mein Vater bestimmt ganz wütend!“

Olga streichelt ihr über den Ärmel. „Die finden wir wieder, Ina!“, sagt sie ganz lieb. „Sollst du sehen, bestimmt! Die liegt noch da hinten, wo du fotografiert hast, und wartet auf dich.“

Lena denkt, dass ein Fotoapparat ja nun wirklich nicht auf einen warten kann, aber trotzdem ist es nett, dass Olga Ina trösten will.

„Das ist bestimmt passiert, weil Svenja uns plötzlich belauscht hat!“, sagt Lena. „Da mussten wir ja alles so schnell verstecken!“

„Genau!“, sagt Katrin und nickt. „Immer Svenja, die alte Kuh, die ist doch echt immer an allem schuld!“ Und dann rennt sie los, um Frau Schröder und den anderen zu sagen, dass sie alle mithelfen sollen zu suchen.

An der Stelle, wo Katrin auf dem Hinweg den heiligen Stein gefunden hat, liegen noch ganz viele Muschelhäufchen, die haben sie vorhin nicht mitgenommen auf ihren Strandspaziergang, weil sie ja nichts zum Reintun hatten. Aber Inas Fotoapparat liegt da nicht.

„Jede Wette, dass ich den finde!“, brüllt Thomas und saust in seiner Boxershorts mit so einem Tempo den Strand entlang, dass er fast eine Frau mit einem kleinen Hund umgerannt hätte. Die anderen Jungs suchen jetzt auch alle, und die Mädchen ja sowieso.

Nur Ina sitzt im Sand und weint so doll, dass ihre Augen

bestimmt viel zu geschwollen sind, um irgendwas zu finden.

„Der kann ja nicht einfach so verschwunden sein, Ina!", sagt Frau Schröder tröstend und hält Ina ein Tempotaschentuch hin. Dabei hat Ina doch selbst den ganzen Rucksack voll. Aber das kann Frau Schröder natürlich nicht wissen. „Den finden wir wieder, sollst du mal sehen." Aber daran merkt man mal wieder, dass Lehrer auch nicht immer Recht haben. Die ganze Klasse läuft bestimmt zehn Minuten lang gebeugt über den Strand und starrt nach unten, sogar die Referendarin, und sie finden jede Menge altes Bonbonpapier und eine kaputte Armbanduhr, die hat mindestens schon hundert Jahre im Sand gelegen und ist ganz verrostet. Nur Inas Kamera finden sie nicht.

„Ja, dann weiß ich auch nicht", sagt Frau Schröder und seufzt. Dann hilft sie Ina auf die Beine, und auf dem Rückweg zum Heim legt sie ihr die ganze Zeit ihren Arm

um die Schultern. Lena und Katrin und Olga gehen nur ein paar Schritte hinter ihnen, darum kann Lena genau sehen, dass Inas Schultern immer noch ruckeln.
„Wetten, das waren Strandräuber?“, sagt Jonas und knufft Lena in die Seite. Er hat auch die ganze Zeit gesucht, und jetzt geht er zusammen mit Martin und Arne neben Lena her. Schließlich sind sie beim Fußball Mannschaftskameraden. „Ich hab mal einen Film gesehen, da haben die Strandräuber …“
„Strandräuber, du tickst doch nicht mehr richtig“, sagt Katrin, und Lena denkt, dass sie bestimmt nur neidisch ist, weil sie nicht selber auf die Idee gekommen ist.
„Logisch waren das Strandräuber!“, sagt Arne. „Den Film hab ich auch gesehen! Die locken nachts mit ihren Laternen Schiffe auf einen falschen Weg, dass der Kapitän denkt, da ist ein Leuchtturm, und dann läuft das Schiff auf Grund, und die ganze Mannschaft säuft ab, und die Strandräuber können gemütlich in Ruhe die ganze Ladung einsacken. So machen die das.“
„Voll fies!“, schreit Katrin.
Beim Fußball ist Arne im Mittelfeld gar nicht so schlecht und liefert gute Vorlagen, aber jetzt findet Lena ihn doch ziemlich blöde.
„Ina ist ja wohl nicht auf Grund gelaufen!“, sagt sie und tippt sich an die Stirn. „Und abgesoffen ist sie auch nicht!“
„Trotzdem!“, sagt Martin. Lena starrt ihn an. Sie begreift

überhaupt nicht, warum er zu Jonas und Arne halten muss und nicht zu ihr. „Irgendwer *muss* den Fotoapparat ja geklaut haben. Sonst wäre er doch noch da."

„Vielleicht kann der heilige Stein zaubern, dass wir ihn wiederkriegen", sagt Katrin. „Das glaub *ich*."

„Heiliger Stein?", sagt Jonas und bleibt mit einem Ruck stehen.

„Zeig her!", sagt Arne.

Lena guckt Katrin verblüfft an. Vorhin war der Stein ganz ungeheuer geheim, und Svenja durfte überhaupt nichts davon wissen, und jetzt redet Katrin plötzlich selber darüber. Sogar mit den Jungs. Katrin ist manchmal wirklich komisch.

„Hier!", sagt sie und greift in ihre Jackentasche. Auf ihrer Hand liegt der heilige Stein, immer noch ein bisschen

sandig, groß und grau und mit einem Loch ganz durch ihn durch, und sieht heilig und geheimnisvoll aus.
„Geil!“, schreit Jonas. „Darf ich mal?“ Und er will Katrin den Stein schon aus der Hand schnappen.
„Weg da!“, schreit Katrin. „Wenn den ein Falscher berührt, verliert er seine heiligen Kräfte! Die hat er nur bei mir, oder, Lena?“
Lena zögert einen Moment. Dann nickt sie. „Und bei mir!“, sagt sie dann und drängelt Arne zur Seite. „Oder, Olga?“
„Und bei mir auch!“, sagt Olga fest und wirft Katrin einen schnellen Blick zu. „Bei uns geheimen Steinfinderfrauen nur.“
Und das findet Lena ganz in Ordnung.

Wo ist Bollermann?

Beim Abendessen klopft Frau Schröder wieder mit dem Löffel gegen ihre Tasse mit Früchtetee und sagt, dass sie jetzt noch ein paar Ansagen machen muss.

Zuerst erzählt sie von Inas Kamera und sagt, dass doch bitte alle Kinder noch mal gründlich überall nachgucken sollen; aber das wissen sie ja sowieso längst, und Ina muss wieder weinen.
Dann liest Frau Schröder die Tischdienstliste vor, und da freut Lena sich, dass sie schon gleich morgen früh dran ist. Tischdienst findet sie immer gut, und sie hat sich heute

Abend schon geärgert, dass sie den nicht machen durfte. Wenn man Tischdienst hat, muss man alle Sachen von der Küchenklappe abholen und hübsch auf die Tische stellen, Teller und Tassen und Platten mit rosa Wurst in Scheiben und große Körbe mit Brot, und hinterher deckt man das auch alles wieder ab und kriegt sogar einen kleinen Eimer mit Seifenwasser und darf die Tische abwischen. Und die ganze Zeit muss man dabei rummaulen und schimpfen und sagen, dass man nun aber echt keine Lust zu so einer blöden Arbeit hat und dass man ja wohl kein Dienstmädchen ist. Lena freut sich schon richtig auf morgen.

„Für heute Abend haben wir kein großes Programm mehr", sagt Frau Schröder. „Am Anreisetag sollte man früh an der Matratze horchen, da ist man ja erschöpft von der Reise."

Lena guckt Katrin an, und Katrin rollt mit den Augen. Nur weil alte Frauen nichts aushalten können, müssen sie ja wohl nicht ihren schönen Klassenreiseabend vergeuden. Frau Schröder und ihre Referendarin können gerne schon früh an der Matratze horchen, aber Lena und Katrin haben ganz bestimmt noch was anderes vor.

„Darum wird nach dem Essen nur noch der Tagesbericht geschrieben“, sagt Frau Schröder, „damit ihr alle eine schöne Erinnerung habt, wenn wir wieder zu Hause sind. Und dann ist um neun Uhr Licht aus.“

„Buuh!“, schreit Oliver.

„Wir sind ja wohl keine Babys!“, sagt Jonas empört.

Und nicht mal Imke tut so, als ob sie sich freut.

„Aber eine wichtige Nachricht habe ich noch!“, sagt Frau Schröder. Weil es so laut geworden ist, muss sie schon wieder gegen ihre Tasse klopfen. „Hallo, noch mal ruhig sein! Oder wollt ihr nicht wissen, was ich …“

„Neun Uhr!“, sagt Katrin empört. „Und dabei ist morgen nicht mal Schule!“

Ina guckt auch unzufrieden. „Da schläft ja Rüdiger noch nicht mal!“, sagt sie, und Lena denkt, dass sie jetzt ihren Fotoapparat vielleicht doch endlich vergessen hat.

Aber dann horcht sie plötzlich auf.

„… mit der Vierten“, sagt Frau Schröder nämlich jetzt gerade. „Die sind auch nur noch drei Tage hier. Und als ich vorhin mit ihrem Lehrer gesprochen habe, hat der vorgeschlagen, dass wir ja auch mal was gemeinsam machen können.“

„Nein!“, brüllt Thomas und schlägt seine Hände vors Gesicht. „Hilfe! Mit den Idioten!“

„Ihr habt ja alle den Bolzplatz gesehen“, sagt Frau Schröder. „Wir haben beschlossen, dass unsere Klassen übermorgen Nachmittag Fußball gegeneinander spielen. Da habt ihr morgen noch Zeit zum Trainieren. Macht mir keine Schande!“

„Geil!“, brüllt Jonas und schlägt Martin, der neben ihm sitzt, seine Hand auf die Schulter. „Die machen wir ein, Alter!“

„Zu null!“, schreit Martin. „Die haben doch keine Chance gegen uns!“

Und Lena spürt wieder dieses richtig gute glückliche Kribbeln im Bauch. „Die schlagen wir doch blind und mit Krücken!“, sagt sie. Nur schade, dass Ina das dann nicht fotografieren kann.

Als sie wieder alle in ihre Zimmer verschwinden, um sich Schreibzeug in den Speisesaal zu holen, der nach dem

Abendbrot ihr Berichtschreibesaal sein soll, rast Lena als Erste die Treppe hoch. Wenn sie sich richtig doll freut, wird sie immer so zappelig, dass sie rennen und rennen muss oder wenigstens hüpfen. Aber dann lachen die anderen vielleicht.

„Keine Chance gegen uns!", ruft sie, als sie ihre Zimmertür aufreißt. „Die Luschen!"

Dann klettert sie hoch auf ihr Bett und wartet, dass Katrin und Ina und Olga auch kommen. Die stehen wohl immer noch unten im Speisesaal und unterhalten sich.

Aber mit irgendwem sprechen muss Lena jetzt.

„Hast du schon gehört, Bollermann?", sagt sie darum und setzt sich wieder auf, weil sie sich ja eben einfach so auf ihn draufgeworfen hat. Aber das macht Bollermann nichts aus. Das ist er gewöhnt. „Wir machen ein Spiel gegen die …"

Dann ist sie still. Auf ihrem Kopfkissen, wo Bollermann vorhin noch gemütlich gelegen und die Zimmerdecke angeguckt hat, ist jetzt niemand mehr.

„Bollermann?", sagt Lena und hebt die Bettdecke an. Vielleicht ist er da ja druntergerutscht, als sie sich so einfach aufs Bett geschmissen hat. „Bollermann?" Aber sie braucht keine Taschenlampe, um zu sehen, dass er da auch nicht ist. „Bollermann?" Und sie klettert ganz schnell die Leiter

nach unten und guckt vorsichtshalber auch noch unter das Bett.
„Was machst du denn da unten?“, fragt Katrin und reißt die Tür mit so einem wilden Schwung auf, dass sie gegen die Wand knallt. Da sind sowieso schon ganz viele Dellen in der Farbe. „Mäuse jagen?“
Olga kichert. Sie ist gleich nach Katrin ins Zimmer gekommen, und jetzt guckt sie Lena ganz ungläubig an.
„Hast du was verloren?“, fragt sie und beugt sich auch nach unten. „Ist dir was unter das Bett gerollt?“
Lena richtet sich auf. „Gebt ihn wieder her!“, sagt sie böse. „Wer hat das gemacht? Wer hat Bollermann geklaut?“
„Was?“, fragt Ina verblüfft.
„Gebt ihn wieder her!“, sagt Lena, und sie merkt, wie sie langsam richtig wütend wird. „Sofort! Das ist gemein!“
„Was ist gemein?“, fragt Katrin und lehnt sich gegen ihr Bett. „Was redest du da?“

Lena starrt Katrin an. Aber Katrin sieht wirklich ganz echt überrascht aus und Ina und Olga auch. So gut kann sich kein Mensch verstellen. Und außerdem sind das ja ihre Freundinnen, die würden doch nicht ihren Bollermann verschwinden lassen.
„Bollermann ist weg!", flüstert Lena, und erst jetzt versteht sie richtig, wie schrecklich das ist. Wenn Katrin ihn nicht versteckt hat oder Ina oder Olga, wo ist Bollermann dann?
„Bollermann?", sagt Katrin ungläubig. „Der kann doch nicht von alleine abhauen!"
Darum suchen sie zu viert noch mal das ganze Zimmer ab. Aber Bollermann bleibt verschwunden.

„Imke!", sagt Katrin mit Überzeugung. Sie haben in den Betten nachgeguckt und in den Koffern und in allen vier Schränken. Dann hat Katrin sogar noch eine Räuberleiter gemacht, damit Lena auch oben auf den Schränken nachgucken konnte. Aber nirgendwo gibt es ein Zeichen von Bollermann. „Wetten, das war Imke? Oder Svenja! Die hat sich doch die ganze Zeit über den lustig gemacht! Das ist doch so eine gemeine Kuh! Der trau ich alles zu!"
„Das glaub ich auch!", sagt Ina, und dann rennen sie zu viert die Treppe nach unten, wo die Tür zu Imkes Siebenerzimmer weit offen steht. Drinnen suchen jetzt alle ihre Stifte und ihr Papier raus, damit sie gleich den Tagesbericht schreiben können, und Merve und Rike sitzen auf

ihren Betten und kleben sich falsche Fingernägel über ihre echten.
„Gib ihn raus!“, sagt Katrin und baut sich breitbeinig vor Imke auf. Sie hat sogar die Hände in die Hüften gestemmt, dass sie aussieht wie ein gefährlicher Mensch aus einem Gangsterfilm, der gleich seine Knarre zieht. „Los! Du bist ja so was von fies!“
Imke starrt sie an. Sie hat sich ein anderes T-Shirt angezogen, da sieht man ihren Nabel, und in der Hand hält sie gerade ein kleines Döschen mit buntem Lidschatten.
„Was?“, fragt Imke verblüfft. „Wen soll ich rausgeben?“
„Bollermann!“, schreit Ina. „Den Hund!“
Lena kann richtig sehen, wie es in Imkes Kopf arbeitet.
„Das Mülltonnenmonster?“, fragt sie dann. „Den würde ich doch nicht mal mit der Kneifzange anfassen!“
Merve lacht, aber da macht Olga einen Schritt vor. „Jemand hat Lena den geklaut!“, sagt sie. „Man darf keine Kuscheltiere klauen! Andere Sachen darf man vielleicht. Aber Kuscheltiere nicht! Das ist gemein! Lena ist jetzt traurig. Gebt den wieder her, den Hund.“
Das mit dem Traurigsein hätte Olga ja nicht unbedingt sagen müssen, aber sonst war es vielleicht doch ganz nützlich. Lena sieht, wie die sieben in Imkes Zimmer sich angucken.
„Ich schwör, dass wir das nicht waren!“, sagt Imke und hält drei Schwurfinger hoch. Dann tippt sie Lena sogar

gegen den Arm. „Wir sind doch keine Ärsche! Wir klauen doch keine Kuscheltiere!“

„Nee, wirklich nicht!“, sagt Rike. „Ich hab ja selber eins mit!“

„Ich auch!“, schreit Merve und nimmt einen blauen Delfin von ihrem Bett, der sieht auch nicht mehr ganz sauber aus.

„Nee, ehrlich nicht!“, sagt Imke. „Ich schwöre bei meiner Möhre!“ Sie guckt ein bisschen verlegen. „So oll war der ja auch noch gar nicht“, sagt sie. „Dein Hund. Der war ja noch ganz gut, eigentlich.“

„Finde ich auch“, sagt Merve.

Lena guckt auf den Boden. Es ist doch nett, dass jetzt sogar Imke sie trösten will.

„Dann war das Svenja, die blöde Pute!“, sagt Katrin und stürmt schon aus dem Zimmer. „Na warte!“

Aber im Fünferzimmer sagen auch alle, dass sie ja wohl ganz bestimmt keine Kuscheltiere klauen würden, und Aytül erzählt, wie sie ihre Puppe Yasemin mal im Flugzeug vergessen hat, da war sie erst sieben, und dann musste ihre Mutter überall rumtelefonieren, bis sie die wiedergekriegt hat. „Die hat die ganze Welt gesehen, meine kleine

Yasemin", sagt Aytül zufrieden und hebt eine blonde Schlenkerpuppe hoch, die hat schon fast keine Haare mehr. „Wenn mir die einer klaut, aus dem mach ich aber Hackfleisch!"
„Hat ja keiner!", sagt Katrin, und Nilgün sagt, Hackfleisch machen ist auch nicht richtig.
„Aber den Bollermann hat ja nun jemand geklaut!", sagt Svenja. „Und wenn es von uns niemand war, wer war das dann wohl?"
Katrin nickt begeistert. „Na klar!", sagt sie und schlägt sich mit der rechten Faust in die linke Handfläche. „Die Jungs!"
„Los, hin!", schreit Imke. „Das sollen sie uns büßen!"
Dann rennen sie alle zusammen zum Ende des Korridors, wo die beiden Jungszimmer einander gegenüberliegen.

„Der kann ja wohl nicht von alleine verschwinden!", sagt Katrin wütend. Zuerst haben sie sich alle in das eine Jungszimmer gedrängelt, und dann haben sie sich alle in das andere Jungszimmer gedrängelt. Aber die Jungs haben alle zwölf geschworen, dass sie Bollermann nicht angerührt haben.
„Haben wir doch gar keine Zeit dafür!", sagt Jonas. „Wir müssen doch die Mannschaftsaufstellung machen, Mann!" Und zum Beweis hebt er einen Kollegblock hoch, darauf ist etwas gekritzelt, das kann bestimmt kein normaler Mensch lesen.

„Wir würden so was auch nicht machen, oder, Arne?", sagt Martin. „Voll fies."
Arne nickt. „Nee", sagt er nachdenklich. „Aber komisch ist das schon, oder? Erst der Fotoapparat und jetzt Lenas Bollermann. Langsam glaub ich echt …"
„Strandräuber, was?", sagt Katrin und tippt sich an die Stirn. „Die rauben doch keine Kuscheltiere!"
Arne zieht unruhig die Schultern hoch. „Unheimlich ist das aber, oder?", flüstert er. „Dass immer was verschwindet?"
In diesem Augenblick versucht Frau Schröder, sich durch die Kindertraube ins Zimmer zu drängeln.

„Was ist denn hier los?", fragt sie erstaunt. „Versammlung?" Sie wirft einen Blick über die Gruppe und schüttelt den Kopf. „Die ganze Klasse!", sagt sie. „Alle hier! Habt ihr was verwechselt? Ihr solltet in den *Speisesaal* kommen, Tagesbericht schreiben! Hier ist ja viel zu wenig Platz!"

Svenja sieht zu ihr hoch.
„Jemand hat Lenas Bollermann geklaut“, sagt sie. „Und wir suchen den jetzt.“
„Ach, du jemine!“, sagt Frau Schröder. „Na, das ist mir vielleicht eine Klassenreise!“
Dann sagt sie, dass sie den Kindern noch eine Viertelstunde gibt, um mit vereinten Kräften nach Bollermann zu suchen, aber danach erwartet sie alle mit Stiften und Papier im Speisesaal.
Da sausen sie los und suchen überall, sogar in den Duschen und den Klokabäuschen.
Aber Bollermann finden sie nicht.

Das Wunder des heiligen Steins

Beim Berichtschreiben kann Lena sich gar nicht richtig konzentrieren. Eigentlich schreibt sie in der Schule ganz gerne Geschichten, und Frau Schröder schreibt auch immer: „Schön, Lena!“ darunter oder: „Ganz toll, Lena!“ Aber heute muss Lena immerzu an Bollermann denken und wo der jetzt wohl ist.
Ein Kuscheltier ist natürlich ein Kuscheltier und kein bisschen lebendig, aber trotzdem tut Bollermann Lena jetzt so furchtbar doll Leid. Sie darf sich gar nicht vorstellen, wie er ganz alleine irgendwo versteckt liegt, vielleicht sogar noch zusammengeknüllt und im Dunkeln. Bestimmt fühlt er sich da ganz schrecklich einsam und traurig und wartet, dass Lena endlich kommt, um ihn zu retten. Aber Lena hat keine Ahnung, wie sie das machen soll. Langsam glaubt sie auch, dass es an der Ostsee gemeine Strandräuber gibt.
Nach dem Schreiben liest Frau Schröder ihnen im Speisesaal noch eine Geschichte vor, in der fahren die Kinder auch auf Klassenreise, und das findet Lena so lustig, dass sie Bollermann sogar für einen Augenblick vergisst. Aber als sie nach dem Vorlesen zum Abschluss noch alle zu-

sammen „Der Mond ist aufgegangen“ singen und Frau Schröder sagt, dass sie jetzt bitte nicht allzu laut in ihre Zimmer gehen sollen und dass sie um neun Uhr kommt, um gute Nacht zu sagen und das Licht auszumachen, fällt er Lena gleich wieder ein.

„Lena?“, sagt Katrin.
Zuallererst hat Lena in ihrem Zimmer nachgeguckt, ob Bollermann vielleicht doch wieder auf ihrem Bett liegt. Aber das tut er leider nicht. Und eigentlich hat sie auch gar nicht damit gerechnet.
„Lena?“, sagt Katrin wieder. „Vielleicht kann ja der heilige Stein ihn wieder herschaffen! Guck doch mal!“ Und Katrin kramt in ihrer Jackentasche. Dann legt sie den heiligen Stein auf den Tisch, haargenau in die Mitte. „Alle drum rumstellen!“, sagt sie.
Lena geht langsam zu ihr rüber. Katrin steht an einer Tischseite, und Ina und Olga stehen an zwei anderen. Da ist für Lena ja nur noch eine Seite übrig.
„Jetzt alle die rechte Hand ausstrecken!“, sagt Katrin. „Und drüberhalten!“ Sie guckt Ina böse an. „Nicht die linke, du Dödel!“, sagt sie. „Ja, so ist okay.“
Vier Hände schweben jetzt über dem Stein, und wenn es nicht noch so hell im Zimmer wäre und man von unten das Gebrüll und Gelächter der anderen hören würde, könnte es richtig gruselig sein. Aber feierlich ist es auch so.

„Heiliger, heiliger Stein!“, sagt Katrin mit einer ganz fremden, düsteren Stimme. „Wirke ein wunderbares, magisches Wunder! Hol Bollermann zurück mit deinen heiligen, heiligen Kräften! Und gib den Typen ordentlich auf die Glocke, die so einen Mist gemacht haben! Amen.“

Katrin seufzt erleichtert und zieht ihre Hand zurück. „So, alles bongo“, sagt sie dann. „Jetzt warten wir mal ab. – Was machen wir nun?“ Und sie legt das verrückte Kartenspiel auf den Tisch, das sie bei ihrem Geburtstag auch jedes Mal spielen. „Das?“, fragt Katrin.
Olga guckt immer noch nachdenklich. „Ich weiß nicht, ob man das darf!“, sagt sie und sieht ein bisschen ängstlich aus. Sie tippt auf den Stein. „Wunder machen kann eigentlich ja nur Gott. Und Jesus.“

Lena guckt sie an. „Du hast doch vorhin selber gesagt, der Stein ist heilig!“, sagt sie.
Olga nickt, aber sie sieht trotzdem noch ängstlich aus. „Aber Wunder kann eigentlich nur…“, sagt sie.
Katrin winkt ab. „Macht der ja auch, dieser Gott!“, sagt sie. „Vielleicht. Aber der hat ja nun auch nicht immer Zeit, sich um solchen Kleinkram zu kümmern. Da lässt er das lieber den Stein für sich erledigen. So glaub ich das.“
„Genau!“, sagt Ina.
Olga nickt vorsichtig. „Vielleicht“, sagt sie und guckt zuerst den Stein an und dann Katrin. „Aber Bollermann ist immer noch nicht wieder da.“
„Ein bisschen Geduld musst du schon haben, Olga“, sagt Katrin. „Sonst wird der Gott sauer auf dich. Spielen wir jetzt?“
Da vergisst Lena ihren Bollermann beinah.

Aber als sie um halb zehn alle in ihren Betten liegen und die Zähne geputzt haben, und Frau Schröder hat „Gute Nacht“ gesagt und das Licht ausgeschaltet, da fällt er Lena plötzlich wieder ein. Der Platz neben ihr ist so leer, wie er das überhaupt noch nie war. Solange Lena denken kann, nicht. Immer hat Bollermann da gelegen, neben ihr auf dem Kopfkissen; und erst wenn sie morgens aufgewacht ist, war er manchmal aus dem Bett gefallen oder ans Fußende gerutscht.

„Bollermann!“, flüstert Lena, und sie merkt, wie ihre Augen schon wieder ganz feucht werden. „Armer, alter Bollermann!“
„Redest du mit dir selber?“, fragt Katrin vom Hochbett gegenüber. „Nee, oder? Lena? Wer macht jetzt mit, Mitternachtsparty?“
„Au ja, geil!“, flüstert Ina, und Lena sieht, wie sie sich unten in ihrem Bett aufsetzt. „Ich mach mit, Katrin!“
Aber Lena bleibt liegen und fühlt, wie ihr Kopfkissen immer feuchter wird. Da unten holen sie jetzt ihre Buchstabenkekse aus dem Rucksack und ihre Gummivampire, und Olga hat von der Fahrt sogar noch zwei hart gekochte Eier übrig, von denen muss sie nur noch die Schale abpulen. Aber Lena liegt oben in ihrem Bett und denkt an Bollermann und ist so traurig, dass sie am liebsten wieder nach Hause zurückfahren würde. Da würde Mama sie in den Arm nehmen und sie knuddeln und ihr über den Kopf streicheln und „Ist doch alles gut!“ sagen, und Lena würde weinen und weinen und weinen, und dann wäre alles wieder in Ordnung.
Lena schluchzt auf. Nun ist Bollermann verschwunden, und nicht mal Mama ist da, um sie zu trösten, und die ganze Welt ist so schrecklich und so traurig und das ganze Leben auch.
„Lena?“, sagt da eine Stimme ganz vorsichtig, und ein Gesicht schiebt sich über die Kante von ihrem Hochbett.

„Lena, weinst du?“ Danach kommt auch noch Olgas Hand und streichelt ihr über den Kopf. „Lena?“, fragt Olga erschrocken.
„Weint sie?“, schreit Katrin, und Lena hört, wie Katrin auf das untere Bett klettert, um zu ihr hochzugucken. „Lena, warum heulst du denn?“
„Wegen ihrem Tier doch, du Dummi!“, sagt Ina von unten. „Da würdest du ja wohl auch heulen!“
Darauf gibt Katrin keine Antwort, aber dafür zieht sie jetzt an Lenas Schulter, und Lena dreht sich um und wischt sich mit dem Ärmel über die Augen. „Lass mich!“, sagt sie unfreundlich.
„Sie weint echt!“, sagt Katrin erschüttert. „Konnte ich doch nicht ahnen, dass du wegen dem Hund gleich so traurig bist! Hat mal jemand ein Taschentuch?“
„Ich!“, ruft Ina von unten. Dann schaltet sie das Licht an.
Lena setzt sich auf. „Brauch ich nicht!“, sagt sie böse.
Aber Ina hat schon ihre Jacke vom Haken hinter der Tür gerissen. Und gerade, als Lena ihr sagen will, dass ihre Tempos doch ganz unten in ihrem *Rucksack* stecken, nicht in der *Jacke*, schreit Ina auf.

„Mein Fotoapparat!", schreit sie und hält ein kleines Teil in die Luft, das ist nicht größer als eine Zigarettenschachtel und glänzt silbern im Schein der Lampe. „Mein Fotoapparat ist wieder da!"
Lena zieht die Nase hoch.
„Ich hatte das vertauscht!", schreit Ina. „Als wir den Stein gefunden haben! Ich hab aus Versehen die Taschentücher in den Rucksack gesteckt und den Fotoapparat in die Jacke!"
Katrin stöhnt. „Und deswegen haben wir den ganzen Strand abgesucht!", sagt sie. „Die ganze Klasse! Menno! Nur weil du das vertüdelt hast!"
Dann springt sie plötzlich vom Bett und reißt den Stein vom Tisch, wo er immer noch grau und sandig zwischen Spielkarten und einer Haarbürste und Eierschalen und aufgerissenen Süßigkeitentüten liegt.
„Der heilige Stein!", schreit Katrin. „Jetzt wissen wir, dass er wirklich funktioniert!"
Ina schüttelt den Kopf. „Aber er sollte doch Bollermann finden!", sagt sie. „Und jetzt hat er den Fotoapparat wiedergeholt! Das ist doch falsch!"
Katrin streichelt zärtlich ihren Stein, dann guckt sie Ina böse an. „Das ist ja wohl egal!", sagt sie. „Verschwunden ist verschwunden! Der Fotoapparat war weg, und Bollermann

ist auch weg. Das hat der nur ein bisschen durcheinander gekriegt! Wetten, als Nächstes finden wir Bollermann auch wieder?"
Ina guckt zweifelnd, aber Olga nickt. „Gott war das", sagt sie. „Hab ich doch gesagt."
„Genau, Olga!", sagt Katrin begeistert. „Mit dem Stein hat der das gemacht! Und als Nächstes finden wir Bollermann."
Lena nimmt eins von Inas Taschentüchern und trompetet ordentlich hinein. Ein kleines bisschen besser geht es ihr jetzt schon.

Als sie alle Buchstabenkekse aufgegessen haben und alle Gummivampire und noch mal Katrins Kartenspiel gespielt, merkt Lena, wie sie langsam wirklich müde wird. Aber natürlich kann man einen Klassenreiseabend nicht vergeuden und einfach ins Bett gehen. Und außerdem taucht ja vielleicht doch noch Bollermann plötzlich wieder auf. Wo Inas Kamera auch wieder da ist.
„Gruselgeschichten erzählen?", fragt Katrin, weil man das immer machen muss, wenn man mit Freundinnen zusammen schläft. Leider durften sie ja keinen Kassettenrekorder auf die Klassenreise mitnehmen. Sonst hätten sie sich jetzt schön in ihre Betten kuscheln können und gemütlich Kassetten hören.
In diesem Moment wird ganz leise die Tür aufgemacht.

„Hallo?“, flüstert eine Jungsstimme. „Schlaft ihr schon?“
„Sehen wir so aus?“, sagt Katrin unfreundlich und wirft mit der leeren Vampirtüte nach Jonas.
Der ist es nämlich, der in der Zimmertür steht, und hinter ihm drängeln sich Arne und Martin, und Lena denkt, dass Arnes Mutter ihrem Sohn aber vor der Klassenreise vielleicht wirklich mal einen neuen Schlafanzug hätte kaufen können. Arne hat noch einen richtigen Babyanzug an, mit Enten auf dem Oberteil.
„Wir wollten bloß …“, sagt Martin und drängelt sich an Jonas vorbei. Zum Glück trägt er nur ein T-Shirt, wie man das nachts muss als Junge, und eine Boxershorts. „Wir hatten gedacht …“ Dann hört er auf, als ob es ihm peinlich ist, und Lena sieht, dass er seine Hände so komisch hinter dem Rücken versteckt hält.

„Wegen dem Tier!“, sagt Jonas. „Weil wir eins übrig haben!“
Und er schubst Martin ins Zimmer, dass der fast gegen den Tisch knallt.
Da holt Martin seine Hände hinter dem Rücken vor. Ein kleines weißes Schaf hängt da

mit dem Kopf nach unten, das hat eine Glocke um den Hals, die ganz leise bimmelt.
„Hat meine Mutter mir mitgegeben!“, sagt Martin verlegen. „Wenn ich Heimweh kriege. Krieg ich aber ja nicht.“
„Braucht er nicht!“, schreit Arne. „Sein Schaf! Das leihen wir dir!“ Und er reißt es Martin aus der Hand und schleudert es zu Lena hin auf den Tisch. Olgas Haarbürste rutscht dabei über die Kante und fällt auf den Boden.
Lena starrt das Schaf an. Es sieht kein bisschen aus wie Bollermann, wie es da klein und weiß zwischen den Eierschalen auf dem Tisch liegt und sie aus seinen braunen Glasaugen anguckt, aber es gehört Martin, und es ist doch nett von ihm, dass er Lena trösten will.
„Danke!“, murmelt Lena und greift vorsichtig nach dem Schaf. Sein Fell fühlt sich ganz weich an, und sie merkt, wie sie ein kleines bisschen rot wird. Aber das sieht ja vielleicht keiner.
„Kein Ding“, murmelt Martin und guckt vor sich auf den Boden. Es kann vielleicht sein, dass er auch rot geworden ist, das glaubt Lena beinah. „Kannst du echt gerne nehmen.“
„Okay, dann ist das ja geklärt“, sagt Katrin ein bisschen ungeduldig. „Will jemand mitmachen, Gruselgeschichten erzählen?“
Und das wollen die Jungs natürlich gerne. Darum schalten

sie das Licht aus und quetschen sich alle sieben zusammen auf Inas Bett.
„Ich sag doch, der Stein kommt langsam ordentlich in Schwung!“, flüstert Katrin und stupst Lena in die Seite. „Erst die Kamera und jetzt das Schaf! Als Nächstes ist Bollermann wieder da, jede Wette.“
Aber Lena hört ihr gar nicht mehr zu. Martin hat gerade angefangen, eine Geschichte von einem schwarzen Hund mit drei Köpfen zu erzählen.

Wer verschwindet als Nächster?

Als Lena am nächsten Morgen aufwacht, ist das kleine weiße Schaf aus ihrem Bett gefallen und liegt unten auf dem Boden, genau wie Bollermann das auch immer tut. Lena kneift die Lippen zusammen. Sie will jetzt nicht wieder weinen. Vielleicht findet sie Bollermann heute ja wieder.

„Lena?“, flüstert Olga im Bett unter ihr. „Bist du wach? Wir haben doch Tischdienst!“

Da fällt es Lena erst wieder ein, und sie springt aus dem Bett und wäre fast auf Martins Schaf gelandet. Dann weckt sie Katrin und Ina, und dann sausen sie auch schon zusammen nach unten in den Speiseraum. So ganz gründlich müssen sie sich heute ja nicht waschen, sagt Katrin, weil sie doch vielleicht nachher noch in der Ostsee baden gehen.

Zum Frühstück gibt es geschnittenes Brot und Brötchen und Butter mit einem hübschen Riffelmuster obendrauf und Marmelade in Glasschälchen, und Lena stellt alles so schön auf die Tische, dass es fast aussieht wie in einem Hotel.

„So!“, ruft Ina von der Küchenklappe. „Fertig! Nichts mehr da.“ Dann kommen auch schon die andern in den Speisesaal gestürmt, und da kann bestimmt bald niemand mehr sagen, dass es wie in einem Hotel aussieht. Aytül versucht, eine Tasse auf dem Kopf zu balancieren, weil sie das mal bei einer Show im Fernsehen gesehen hat, und Oliver und Maik bewerfen sich sogar mit Brotklümpchen und hören noch nicht mal damit auf, als die Referendarin sagt, dass jetzt aber mal Schluss sein muss. Frau Schröder ist nämlich noch im Badezimmer und duscht, da muss die Referendarin alles alleine machen.

Und das versucht sie auch. „Aufhören!“, ruft sie ärgerlich und schlägt sogar mit der flachen Hand auf den Tisch. „Oliver! Maik!“

Aber die Referendarin finden die Jungs vielleicht nicht ganz so wichtig.

„Da!“, schreit Oliver und pfeffert Maik ein frisch gerolltes Brotklümpchen an den Kopf. „Nimm das, du Idi!“

„Selber Idi!“, schreit Maik und kommt mit dem Kopf wieder unter dem Tisch hervor, unter dem er sich nach Olivers Attacke eben blitzschnell versteckt hatte. „Hier kommt was für dich!“

„Maik!“, schreit die Referendarin. „Hast du nicht gehört …“
In diesem Moment geht die Speiseraumtür auf und Frau Schröder kommt herein. Ihre Haare sind noch ganz nass.
„Was ist denn hier los?“, fragt Frau Schröder. Wenn sie will, kann sie ihre Stimme richtig gefährlich klingen lassen. Plötzlich wird es ganz still im Raum.
„Als Erstes sammelt ihr das da mal alles auf!“, sagt Frau Schröder. „Und darüber reden wir gleich noch mal! Mit Lebensmitteln werfen, wo auf der Welt Kinder verhungern!“
Lena denkt, dass die ja sowieso nichts von Olivers und Maiks Brot abgekriegt hätten, aber sie weiß, dass man so was nicht sagen darf. Vielleicht nicht mal denken. Sonst passiert zur Strafe vielleicht noch etwas Blödes.
Das tut es aber sowieso. „Und damit ihr noch ein klein wenig länger Gelegenheit dazu habt, darüber nachzudenken“, sagt Frau Schröder und guckt Oliver und Maik mit ihrem gefährlichen Blick an, „bevor ihr euch wieder den Freuden des Lebens hingebt, könnt ihr hinterher auch gleich für die Mädchen den Tischdienst übernehmen. Ihr habt dann frei, Katrin, Ina, Lena und Olga.“
„So eine Gemeinheit!“, flüstert Lena. „Als ob wir was dafür könnten!“ Sie hat sich so auf den kleinen Eimer mit dem Wischlappen gefreut.

„Nur weil die Referendarin sich nicht durchsetzen kann!", flüstert Ina.
Lena nickt. Die Referendarin ist wirklich blöde.

Nach dem Frühstück machen sie wieder eine Wanderung, und vorher steckt Katrin noch schnell den heiligen Stein in ihre Jackentasche. „Vorsichtshalber!", sagt sie. „Falls wieder was verloren geht!"
Lena hat das Schaf auf ihr Kopfkissen gelegt, und von da guckt es ihr jetzt nach und erinnert sie an Bollermann.
„Alle mal herhören!", ruft Frau Schröder, als sie am Wasser angekommen sind. „Wir gehen jetzt bis da hinten zum Leuchtturm, seht ihr den alle?"
Ein paar Kinder haben nicht zugehört, darum fragt Frau

Schröder lieber noch mal, bis wohin sie denn jetzt alle gehen wollen.
„Bis zum Leuchtturm!“, ruft Imke, und Katrin stupst Lena an, und Lena weiß, dass das bedeuten soll, dass Imke sich ja wohl immer anschleimen muss.
„Genau, bis zum Leuchtturm“, sagt Frau Schröder. „Da führt eine kleine Holztreppe über die Düne vom Strand nach oben. Und da treffen wir uns dann wieder um halb zwölf. Unterwegs dürft ihr Muscheln sammeln und Steine und was ihr wollt, aber nicht vergessen: um halb zwölf an der kleinen Treppe.“
„Cool!“, schreit Katrin. „Endlich mal alleine gehen! Da können wir ja …“
Aber Lena hört gar nicht mehr zu, was sie können. Lena muss jetzt unbedingt mit Jonas reden.
Der steht nämlich gerade mit Arne und Martin und noch mindestens vier anderen Jungs neben einer zerbröselten Sandburg und gestikuliert wild mit den Armen, und da weiß Lena ja schon, worum es gerade geht.
„Na, hallo, hier bin ich!“, sagt sie und drängelt sich mit der Schulter nach vorne in den Kreis, damit Jonas sie auch sieht. „Ich konnte nicht früher! Habt ihr schon die Mannschaft …“
„Ey, drängel mal nicht so, Puppe!“, sagt André, den Lena sowieso noch nie leiden konnte. „Das hier ist nichts für Weiber!“

Lena starrt ihn an. „Wieso das denn?“, sagt sie. „Ich denk, ihr stellt grade die Mannschaft auf? Gegen die Vierte?“
„Genau, ey!“, sagt André. „Genau! Und da haben Weiber nichts zu suchen.“
„Wieso das denn nicht?“, fragt Lena. „Ich denk, das ist Fußball? Und da bin ich ja wohl ...“
Jetzt müsste sich eigentlich Jonas einmischen und sagen,

dass Lena in der E-Jugend schon ein paarmal Torschützenkönigin war, zum Beispiel. Und dass sie bestimmt tausendmal besser Fußball spielt als André. Eine Million Mal.
Aber Jonas sagt keinen Ton.
„Das heißt nämlich *Mann*schaft!“, sagt Fredrik. „Capito? Wenn man da Weiber drin haben wollte, dann würde das ja *Weib*schaft heißen.“

„*Weib*schaft, Alter, ich lach mich schlapp!“, brüllt Maik und klatscht sich auf die Schenkel.
„*Weib*schaft, ich krieg mich nicht wieder ein!“, schreit Oliver. Dabei weiß Lena ganz genau, dass er so schlecht bolzt, dass sogar der Ball am liebsten weinen würde. „Da bepissen die in der Vierten sich doch! Wenn wir mit Weibern spielen!“
Lena guckt Martin an, aber der sieht so aus, als ob er gerade überhaupt nichts mitkriegt. Als ob er keine Ohren hätte und erst recht keinen Mund, um diesen Idioten mal ordentlich die Meinung zu sagen. Dem gibt sie aber nachher sein Schaf zurück, aber hundertpro.
„Also?“, sagt André. „Was ist jetzt, ey? Warum hängst du hier immer noch ab?“
Einen Augenblick wartet Lena, ob Jonas oder Arne oder Martin vielleicht doch noch etwas sagen, dann dreht sie sich um und geht.
„Leckt mich doch!“, schreit sie über ihre Schulter. „Und wenn *ihr* spielt, heißt das nämlich *Bubi*schaft! Meinetwegen könnt ihr gerne verlieren! Meinetwegen gerne!“ Und sie rennt zu Katrin und Olga, die ein Stück weiter den Strand hoch nach Steinen suchen.

„Und dabei ist unsere Frauenmannschaft Weltmeister geworden, nicht die Herren!“, sagt Lena wütend, während sie neben Katrin hergeht, die überhaupt nicht zu ihr aufsieht. „Die Herren schon ewig nicht mehr! Das sind doch solche Luschen! Aber die Jungs tun jetzt alle so, als ob …“

„Nun reg dich doch nicht so auf!“, sagt Katrin und bückt sich blitzschnell, um einen kleinen Stein aus dem Sand zu kratzen. Olga und Katrin haben beschlossen, noch mehr heilige Steine zu finden, darum suchen sie jetzt den Strand ab nach Steinen mit einem Loch, aber die sind leider ziemlich selten. „Die Jungs sind doch sowieso alle Idioten!“ Und sie schleudert den Stein in hohem Bogen ins Wasser. „Lass sie doch verlieren, wenn sie das so gerne wollen!“

„Ich finde die Jungs gemein“, sagt Olga. „Die sollen gucken, wer am besten spielt, oder, Lena? Der darf dann in die Mannschaft. Können auch *alles* Mädchen sein, wenn die besser sind.“

Lena nickt. „Idioten!“, sagt sie wütend. Wenn die Jungs heute Nachmittag ihr Training machen und morgen ihr Spiel, guckt sie bestimmt nicht zu. Und wenn sie verlieren, freut sie sich sogar noch. Geschieht denen ganz recht.

Als Lena am Leuchtturm ankommt, sind erst ganz wenige Kinder da. Frau Schröder steht neben der Treppe und unterhält sich mit der Referendarin, und Ami Rasoulé und Nilgün versuchen hinter ihrem Rücken, auf dem Geländer zu balancieren. Unten im Sand spielen Svenja und Imke und Rike Hinschmeißen, aber die meisten kommen erst gerade ganz langsam angetrödelt.

Irgendwie hat Lena keine Lust gehabt, mit Katrin und Olga nach Steinen zu suchen. Heilige Steine gibt es in Wirklichkeit sowieso nicht, da können die noch so viele Löcher haben. Steine können nicht zaubern und Wunder bewirken schon gar nicht. Da braucht Lena ja nicht auch noch mitzusuchen, wenn sie sowieso weiß, dass es Blödsinn ist. Und Muscheln hat sie auch nicht gesammelt, weil es davon an diesem Strand nur ganz wenige gibt, und die sind dann auch noch jedes Mal kaputt oder langweilig. Lena ist lieber alleine gegangen und richtig schön wütend gewesen. Sollen die Jungs doch morgen verlieren. Das tun die deutschen Herrenmannschaften ja sowieso immer.

„Alle da?“, fragt Frau Schröder da auch schon. „Mal schön zusammenbleiben! Eins, zwei, drei …“, und mit ausgestrecktem Zeigefinger zählt sie stumm die Köpfe.

„Lena?“, flüstert Olga. „Ich hab auch einen gefunden! Einen heiligen Stein! Aber Katrin sagt, der gildet nicht!“ Und sie öffnet ganz, ganz langsam ihre rechte Faust, und da liegt auf ihrer flachen Hand ein Stein, der ist zwergenwinzig. Nur ungefähr so groß wie eine platt gehauene Murmel ist er, und fast genau in der Mitte hat er ein Loch,

das ist noch viel winziger. So winzig ist es, dass man vielleicht gerade mal eine Nähnadel durchstecken könnte, aber eine Stricknadel schon nicht mehr.

„Glaubst du, der kann auch heilig sein?“

Lena guckt den Stein skeptisch an. „Keine Ahnung!“, sagt sie unfreundlich. Sie hat jetzt wirklich andere Sorgen.

Da klatscht Frau Schröder in die Hände. „Nun steht doch bitte mal ein bisschen ruhiger!“, ruft sie, und ihre Stimme klingt ein klein wenig aufgeregt. „Wir haben jetzt schon zweimal … Und beide Male hat uns …“ Dann fängt sie wieder an zu zählen.

Lena stapft ungeduldig von einem Fuß auf den anderen. Frau Schröder und die Referendarin könnten sich wirklich mal beeilen. Es ist doch klar, dass man hier am Wasser niemanden verlieren kann! In beiden Richtungen ist der Strand menschenleer, soweit man gucken kann. Und außerdem hat es angefangen zu regnen, da möchte Lena langsam gerne ins Trockene.

„Nein, es stimmt tatsächlich, einer fehlt!“, sagt Frau

Schröder jetzt unruhig. „Achtung! Alle mal herhören! Jetzt guckt ihr bitte mal, ob auch jeder da ist, der mit euch im Zimmer schläft!" Und sie stellt sich neben die Referendarin, die immer noch stumm die Köpfe zählt.
Lena guckt sich um. Olga ist da, und Katrin stapft vornübergebeugt herum und bückt sich zwischendurch ab und zu blitzschnell nach einem Stein. Aber Ina kann sie nirgends entdecken.
„Siehst du Ina irgendwo?", fragt Lena. „Du, Olga? Seid ihr nicht mit ihr zusammen gegangen?"
Olga schüttelt den Kopf. „Wir haben doch nach den Steinen gesucht!", sagt sie. „Ich glaub, Ina war weiter vorne! Die ist doch vorgerannt! Die wollte da suchen, wo noch keiner vor ihr war!"

„Aber jetzt ist sie nirgends mehr!“, sagt Lena. „Guck doch mal!“
Dann meldet sie sich, und dabei sind sie doch überhaupt nicht in der Schule. Sie schnipst sogar mit den Fingern.
„Frau Schröder?“, ruft Lena. „Ina ist das! Ina ist weg!“
Frau Schröder lässt ihren Blick über die Klasse schweifen.
„Du hast Recht!“, sagt sie dann, und Lena kann ganz genau hören, dass sie jetzt wirklich unruhig ist. „Frau Wiegand, Sie gehen bitte noch mal den Weg zurück und gucken, ob Sie Ina irgendwo entdecken, und dann rufen Sie mich auf dem Handy an. Ich gehe mit der Klasse ins Heim, damit die mir nicht alle eine Lungenentzündung kriegen, so wie das regnet.“ Ob die Referendarin eine Lungenentzündung kriegt, ist Frau Schröder wohl ganz egal.

„Ist das nicht komisch?“, flüstert Katrin, aber unter ihrer Kapuze kann Lena sie fast nicht verstehen. „Dass Ina weg ist? Wo man hier meilenweit gucken kann?“ Sie senkt ihre

Stimme noch weiter. „Erst Inas Kamera“, flüstert sie. „Und dann Bollermann. Und jetzt Ina. Ich sage euch, da ist irgendwas komisch.“
Lena merkt, wie es ihr ein kleines bisschen gruselig wird. Katrin hat Recht. Auf dieser Klassenreise verschwindet wirklich alles. Wer weiß, wer der Nächste ist.
Für einen Augenblick vergisst sie sogar das Fußballspiel und ihre Wut auf die Jungs.

Der finstere Geist des Ortes

Kurz bevor sie beim Heim ankommen, wird aus dem gleichmäßigen Regen plötzlich ein fürchterlicher Guss, und dann fallen sogar Hagelkörner.
„Krass!", schreit Thomas und schabt mit beiden Händen den Hagel vom Boden. „Jetzt wird hier mal ordentlich eingeseift!"
„Versuch's doch, Alter!", schreit Maik und bückt sich auch.
Lena und Katrin überholen sie schnell.
„Babys!", sagt Katrin. „Bloß weg hier, bevor die auf uns losgehen!"
„Ich bin sowieso nass wie Katze!", sagt Olga vergnügt. „Ich muss mich ganz umziehen, auch Unterhose."
Lena guckt sie schnell von der Seite an. Manchmal merkt man vielleicht doch, dass Olga aus Russland kommt. Wenn die Jungs zuhören, kann man doch nicht solche Wörter sagen!
Auf der Zufahrt zum Heim steht ein rotes Auto, dem pladdert der Hagel aufs Dach, und als sie näher kommen, steigt eine Frau mit einem Regenschirm aus. Dann öffnet sie die Tür auf der Beifahrerseite.

„Ina!“, brüllt Katrin und boxt Lena in die Seite. „Ina ist wieder da! Das war mein heiliger Stein!“, flüstert sie dann. „Jede Wette! Der sie zurückgebracht hat!“

Lena denkt, dass es wohl eher das rote Auto war, aber da nimmt Frau Schröder Ina auch schon in den Arm.
„Ina, Gott sei Dank!“, sagt sie.
„Ich hab die Kleine an der Straße zum Strand gefunden!“, sagt die Frau unter dem Schirm. Sie sieht genau so aus, wie Lena sich eine Bauersfrau vorstellt in ihrem blauen Overall. „Hinten beim Leuchtturm. Völlig durchgeweicht.“
Und durchgeweicht ist Ina wirklich, vor allem im Gesicht. Die Tränen laufen ihr über die Wangen, und ihre Schultern ruckeln, so doll muss sie schluchzen.
„Ich hab doch nicht …!“, sagt sie, aber vor lauter Weinen

kann man sie überhaupt nicht richtig verstehen. „Da war doch überhaupt ...!“
„Nun gehen wir erst mal rein“, sagt Frau Schröder und legt Ina ihre Hand auf die Schulter, genau wie gestern auch schon. „Und dann bereden wir alles.“
Wie die Jungs heute Nachmittag bei dem Wetter trainieren wollen, hab ich wirklich keine Ahnung, denkt Lena zufrieden. Geschieht denen ganz recht. Eingebildete Bubischaft.

Als Erstes hat Frau Schröder sie alle in ihre Zimmer geschickt, damit sie sich trockene Sachen anziehen, und danach hat sie die ganze Klasse im Speisesaal zum Mittagessen zusammengetrommelt.
Lena sitzt gerade ganz gemütlich bei ihrer zweiten Portion Hähnchen mit Pommes, als die Referendarin die Tür zum Speisesaal aufreißt. Sie ist so nass, dass sich um sie herum auf dem Boden sogar eine kleine Pfütze bildet.
„Ich konnte sie nirgends finden!“, ruft sie aufgeregt.

„Vielleicht sollten wir jetzt doch die Polizei …“
„Meine Güte, Frau Wiegand!“, sagt Frau Schröder und springt auf, obwohl sich das doch mitten beim Essen nicht gehört. „Entschuldigen Sie! Ich hab ja ganz vergessen, Sie anzurufen! Ina ist längst wieder da!“
Katrin kichert. „Geschieht der ganz recht!“, flüstert sie. „Nur weil die sich immer nicht durchsetzen kann, durften wir vorhin nicht Tischdienst machen.“
Aber Lena tut die Referendarin vielleicht doch ein bisschen Leid. Da ist sie nun die ganze Zeit am Strand rumgerannt im strömenden Regen und hat Angst gehabt, dass Ina ertrunken ist, und dabei ist längst alles okay. Aber wenigstens entschuldigt Frau Schröder sich ja bei ihr.
„Und weil es leider überhaupt nicht so aussieht, als ob wir heute Nachmittag das passende Wetter für euer Fußballtraining haben werden“, sagt Frau Schröder jetzt und klopft dabei mit dem Teelöffel gegen ihr Glas, „treffen wir uns nach dem Mittagessen alle wieder hier. Regen ist die allerbeste Gelegenheit, um an euren Berichtheften weiterzuschreiben, passiert ist ja genug. Und wer eine Karte nach Hause schreiben möchte, kann das dann auch tun.“
„Buuuh!“, brüllen die Jungs, aber Lena findet die Idee gar nicht so schlecht.
„Au ja!“, sagt sie. Im Büro kann man Karten kaufen, da ist

vorne das Heim drauf. So eine besorgt sie sich gleich. Bestimmt freuen Mama und Papa sich, wenn sie mal Post von ihrer Tochter kriegen.

Frau Schröder hat ein bisschen mit Ina geschimpft, und zur Klasse hat sie gesagt, dass man auf einer Klassenreise einfach nicht verloren gehen darf. Und wenn es doch mal passiert, darf man wenigstens auf keinen Fall in ein fremdes Auto einsteigen, wie Ina das getan hat. Es ist ja gar nicht abzusehen, was da alles geschehen könnte.
„Aber es hat doch so geregnet!“, sagt Ina und fängt fast schon wieder an zu weinen. „Ich war doch schon ganz nass!“
„Das hätte ein Mörder sein können, Mann!“, schreit Thomas. „In dem Auto! Weißt du doch gar nicht! Dann wärst du jetzt tot!“
„Und das ist ja wohl schlimmer als nass!“, schreit Maik. Lena denkt, dass Maik bestimmt auch in das rote Auto eingestiegen wäre. Aber jetzt muss er natürlich wieder so besserwisserisch tun.
„Aber ich wusste doch auch gar nicht, wo ich war!“, sagt Ina wieder. „Ich hab mich doch verlaufen!“ Und sie schluchzt auf.
Frau Schröder seufzt. „Wir haben ja schon darüber gesprochen, Ina“, sagt sie. „Dass so was nie wieder vorkommen darf! Was glaubst du wohl, was deine Eltern

sagen, wenn sie hören, dass du einfach in ein fremdes Auto gestiegen bist?“

Inas Tränen tropfen auf ihr hübsches pinkes Briefpapier, darum gibt Lena ihr schnell ein Taschentuch. „Aber wieso warst du denn plötzlich verschwunden, Ina?“, fragt sie leise. „Wo bist du denn gewesen?“

„*Ich* war doch nicht verschwunden!“, sagt Ina böse. Ihre Augen sind jetzt ganz rot und ihre Nase auch. „*Ihr* wart ja wohl verschwunden! So war das ja wohl!“

„Strandräuber!“, flüstert Katrin. „Irgendwas ist hier unheimlich! Kuscheltiere verschwinden und Fotoapparate …“

„Den hatte Ina ja nur falsch weggesteckt!“, sagt Lena, aber Katrin lässt sich überhaupt nicht stören.

„… und sogar Menschen!“, sagt sie mit düsterer Stimme. „Alles verschwindet! Ein finsterer, finsterer Geist des Ortes …“

„Du hast sie ja nicht mehr alle!“, sagt Lena und zeigt ihr einen Vogel.

„Und wenn mein Stein nicht zaubern würde“, flüstert Katrin. „Mein heiliger, heiliger Stein! Dann wären die alle immer noch verschwunden!“

„Wäre ich nicht!“, sagt Ina böse und trompetet noch einmal laut in ihr Taschentuch. „Und mich hat kein Strandräuber geraubt! Und auch kein finsterer Geist!“

„Siehst du!“, sagt Lena zufrieden zu Katrin. Sie hat sich

beim Heimleiter für Mama und Papa eine Karte gekauft, darauf ist ein Foto vom Heim im Sonnenschein. In ein Fenster im oberen Stockwerk hat Lena ein Kreuzchen gemalt, dafür musste sie sich extra den Kugelschreiber von Frau Schröder ausleihen.

„Liebe Mama! Lieber Papa!“, schreibt Lena. „Hier ist es sehr schön. Wo das Kreuz ist, wohne ich mit Katrin und …“ Lena guckt die Karte an. Für die ganze Ina und die ganze Olga ist kein Platz mehr, sonst reicht es nicht mehr für die Grüße. „… und I. und O.“, schreibt sie darum nur. „Bis denne, du Henne. Lena.“
Sie weiß nicht genau, ob man bei Erwachsenen „Bis denne, du Henne“ schreiben kann, oder ob man „Viele Grüße“ schreiben muss. Aber wenn die Erwachsenen Mama und Papa sind, geht es vielleicht.
Lena guckt zur Seite. Inas kleiner pinker Briefbogen ist schon fast ganz voll geschrieben. Aber Ina hat natürlich auch ordentlich was zu erzählen.
„Ina?“, sagt Lena. „Wieso warst du denn jetzt überhaupt verschwunden?“

Ina guckt sie an. „Ich bin doch vorgelaufen!“, sagt sie leise. „Weil ich nicht da suchen wollte, wo alle suchen. Da findet man ja nichts.“
„Nee“, sagt Lena.
„Und manchmal bin ich auch gerannt!“, sagt Ina. „Weil der Wind meine Jacke so schön aufgeblasen hat, weißt du? Und dann hab ich mich umgedreht, und da war plötzlich keiner mehr am Strand! Und da hab ich so einen Schreck gekriegt!“ Sie macht eine kleine Pause, aber zum Glück fängt sie wenigstens nicht wieder an zu weinen. „Und dann hab ich die Treppe gesehen, und da sollten wir uns ja treffen. Aber da war kein Mensch!“
„Nee?“, sagt Lena.
„Weil ich schon zu weit war!“, sagt Ina. „Nicht beim Leuchtturm. Und es hat auch so doll geregnet! Da bin ich die Treppe hoch, und da war eine Straße. Und dann hat das Auto angehalten …“ Ina zieht die Nase hoch.
„Strandräuber haben überhaupt nichts damit zu tun“, sagt sie böse. „Auch keine heiligen Steine.“
„Nee, die sowieso nicht“, sagt Lena. Immer muss Katrin sich wichtig machen.
Da schreit Ina auf. „Die Sonne scheint!“, ruft sie und knallt ihren Stift auf den Tisch. „Die Sonne scheint!“
„Los, raus, Leute!“, brüllt Arne. „Training!“ Dann sind die Jungs schon verschwunden, und ihre Schreibsachen haben sie natürlich einfach auf den Tischen liegen lassen.

„Typisch!“, sagt Katrin.
„Lass sie doch“, sagt Lena. „Denen nützt ihr ganzes Training doch sowieso nichts, wetten? Bubischaft!“
Dann schreibt sie noch eine Karte an Oma.

Bollermann wird gerettet

Aber hinterher guckt Lena doch beim Training zu, weil schließlich alle nach draußen gehen. Und dabei kriegt sie allmählich richtig gute Laune.

„Bist du beknackt, oder was?“, schreit Jonas, als André zum zehnten Mal einen ganz laschen Ball ins Netz lässt. „Den hält ja meine Oma mit dem Regenschirm!“

Aber woanders als im Tor kann man André wirklich nicht einsetzen, das sieht Lena sofort. Maik schreit, dass André der Tod jeder Mannschaft ist, und Fredrik läuft immer ungefähr einen Kilometer hinter den anderen her und weiß vielleicht nicht mal, wie die Spielregeln sind, und die ganze Zeit stolpert Karsten durch die Gegend und mault, dass er Fußball blöde findet und viel lieber Judo machen würde.

„Das merkt man aber auch!“, flüstert Ina. Sie steht mit Lena hinter dem Tor und sieht längst wieder ganz vergnügt aus. „Da spielt Rüdiger ja besser!“

Lena nickt. Nur weil einer ein Junge ist, muss er schließlich nicht gut Fußball spielen.

„Nein!“, brüllt Jonas, weil Karsten im Mittelfeld einen tod-

sicheren Ball verdaddelt hat. „Da kannst du ja gleich im Rollstuhl spielen!“

„Frag doch mal, ob der überhaupt spielen *will*!“, schreit Katrin. „Der hat doch überhaupt keine Lust!“

„Vielleicht sind ja sowieso welche von den Mädchen viel besser!“, schreit Svenja und guckt zu Lena rüber. „Wir wollen schließlich morgen nicht

verlieren, nur weil ihr keine Frauen in der Mannschaft wollt!"
Da findet Lena Svenja plötzlich richtig nett.
„Ich finde, die haben Recht, Jonas", ruft Martin und stoppt den Ball mit links. „Karsten hat doch überhaupt keine Lust. Und Fredrik auch nicht! Lass doch mal die Mädchen probieren, wenn welche wollen!"
Und da sagt Jonas, okay, wenn gemischte Mannschaften zugelassen sind. „Wenn überhaupt Weiber wollen!", sagt er, und das findet Lena nun wirklich eine Frechheit.
Lena hat gar nicht gewusst, dass Nilgün auch so gut spielt, aber die sagt, klar, sie ist doch zu Hause in einer Mädchenmannschaft, und das ist Ami Rasoulé auch. Da dürfen Karsten und Fredrik sich auswechseln lassen, und André muss auch, obwohl er die ganze Zeit rummault und sagt, er hätte sich hundertpro noch warm gespielt, und es ist ja total peinlich, wenn eine Mannschaft mit drei Weibern einläuft. Aber kein Mensch hört mehr auf ihn.

Als es nach dem Training im Heim Butterkuchen und Saft gibt, sind alle ganz durchgeschwitzt, und eine Mannschaftsaufstellung haben sie auch schon festgelegt.
„Die machen wir morgen doch so ein!", sagt Jonas und schlägt sich mit der rechten Faust in die linke Handfläche. „Diese blöde Vierte!"
„Aber hallo!", sagt Maik zufrieden mit vollem Mund. Jetzt

tut er natürlich wieder so, als ob er die Mädchen schon immer in der Mannschaft haben wollte.
Dann gehen sie noch mal zum Platz und stellen sich so ganz gelangweilt an den Rand, weil die Vierte trainiert, und da wollen sie mal gucken. Das muss man, sagt Jonas, um eine Spielstrategie festzulegen. Aber die Vierte erlaubt keine Zuschauer.
„Macht euch vom Acker!“, brüllt ein Junge, der mindestens zwei Köpfe größer ist als Jonas. „Hier wird nicht spioniert!“
„Das ist echt blöde!“, flüstert Lena, als sie mit Olga zum Heim zurückgeht. „Jetzt haben wir keine Ahnung, wie gut die sind! Und was für eine Strategie die haben!“
„Muss man das wissen?“, fragt Olga.
Lena seufzt. „Besser ist es“, sagt sie. „Aber wenn wir stehen bleiben und zugucken, sehen die uns ja.“
„Vielleicht fällt mir noch was ein“, sagt Olga nachdenklich. „Ich bin ein guter Spion.“
Da kommt Thomas vom Heim angerannt. „Heute Abend ist Lagerfeuer!“, schreit er. „Mit Stockbrot!“
„Cool!“, sagt Lena.
„Und was machen wir bis dahin?“, fragt Ina. Die Sonne scheint jetzt richtig schön warm.
„Ich hab eine Idee!“, sagt Katrin. „Aber die ist geheim. Kommt mal mit.“

„Aber nicht wieder was mit deinem heiligen Stein!“, sagt Ina, als sie sich alle vier auf den schrägen Stamm einer Trauerweide gehockt haben, auf der Gott sei Dank noch niemand anders sitzt. Zum Glück gibt es um das Heim herum so viele gute Kletterbäume, dass man sich nicht mal streiten muss.

Vor ihren Gesichtern hängen die Zweige mit den kleinen grünen Blättern wie ein lebendiger Vorhang, und Lena denkt, dass sie so von draußen bestimmt keiner sehen kann.
„Also!“, flüstert Katrin, als hätte sie Ina gar nicht gehört. „Wir spionieren die Vierte aus! In ihren Zimmern! Wie findet ihr das?“

Lena guckt sie verblüfft an. „Und wozu soll das gut sein?“, fragt sie.
Katrin zeigt ihr einen Vogel. „Das können wir vorher doch noch nicht wissen!“, sagt sie. „Bevor wir sie ausspioniert haben! Da wissen wir ja noch gar nicht, was wir bei denen vielleicht alles finden!“
„Ich bin ein guter Spion!“, sagt Olga wieder.
„Ja, aber wozu soll das gut sein?“, fragt Lena halsstarrig. „Sag mal.“
„Menno, aber wirklich!“, sagt Katrin und rollt mit den Augen. *„Dazu!* Weil die blöde sind!“
Und Ina sagt auch, sie findet das eine gute Idee. Natürlich muss Ina jetzt doch wieder alles gut finden, was Katrin vorschlägt.
„Wir schleichen uns in ihre Zimmer!“, sagt Katrin. „Und vielleicht finden wir da ihre Mannschaftsaufstellung …“
„Ja und?“, sagt Lena. „Was nützt uns das? Wenn wir die alle gar nicht kennen?“
Aber Katrin ist schon vom Baumstamm gesprungen. „Wer macht nun mit?“, fragt sie.
Und da will Lena nicht als Einzige sitzen bleiben.

Im Heim ist alles leer und totenstill. Nur aus der Küche hört man Küchengeräusche und ein Radio. Da bereiten sie jetzt bestimmt den Teig für das Stockbrot vor.
„Leise!“, flüstert Katrin und legt ihren Finger auf die

Lippen. „Wer will die Zimmer hier unten? Wer macht das oben?“
„Ich geh hoch“, sagt Lena. Dann kann sie aus ihrem Schrank auch gleich noch die Tüte mit den letzten paar sauren Würmern holen. Wenn sie sich geärgert hat, braucht sie immer was Süßes.
„Okay!“, flüstert Katrin. „Ausschwärmen! Und hinterher treffen wir uns in unserer geheimen Höhle wieder. Der heilige Stein beschützt euch, meine Getreuinnen!“
Lena denkt, dass Katrin sich wirklich immer wichtig tun muss. Sie holt sich jedenfalls zuerst mal ganz in Ruhe ihre sauren Würmer. Nur keine Hektik.
Auf ihrem Bett liegt das fluschelige kleine Schaf und guckt sie müde an, und in der Würmertüte sind nur noch drei Stück, die isst Lena lieber alle auf. „Tschüs, Schaf!“, sagt sie. „Ich muss jetzt leider spionieren.“
Dann schleicht sie den Gang entlang bis zur Treppe und in den linken Flur, der zum Zimmer der Jungs führt. Und gerade, als sie denkt, dass sie doch verrückt sein muss, hier herumzuschleichen, als wäre wirklich jemand

da, der sie erwischen könnte, hört sie auf der Treppe ein Getrampel.
„… mein Trikot!“, brüllt eine fremde Jungsstimme, die ist schon ziemlich tief. „Bin gleich wieder da!“
Hilfe!, denkt Lena. Hilfe!
Wenn jetzt ein Junge hochkommt, um sein Trikot zu holen, kann das ja nur bedeuten, dass er in das fremde Jungszimmer gehört. Und sie ist da fast schon drin! Da erwischt der sie doch!
Eine Sekunde überlegt Lena, ob sie schnell in ihr Zimmer zurückflitzen soll, aber dann würde der Junge sie ja erst recht sehen, wenn sie oben an der Treppe vorbeirennt.
Und genau in diesem Moment weiß sie die Lösung.
Der Vampirsarg! Vor ihr steht die große braune Truhe, und in diesem Augenblick hat Lena überhaupt keine Angst mehr vor dem Vampir, der vielleicht darin schläft. Die hat man doch nicht, wenn hinter einem ein fremder Junge mit einer tiefen Stimme die Treppe hochgepoltert kommt und einen gleich dabei erwischt, wie man sein Zimmer ausspioniert!
Das darf um Himmels willen nicht passieren. Lena klappt zitternd den Deckel hoch und steigt in die Truhe. Aus dem Erdgeschoss kommt plötzlich wildes Geschrei, aber darauf kann sie jetzt leider nicht achten. Sie rutscht nach unten und spürt etwas Weiches, aber wie ein Vampir fühlt es sich nicht an. Dann lässt Lena den Deckel über sich zufallen.

Hilfe!, denkt sie wieder. Das war viel zu laut! Das hat der doch gehört! Jetzt wollte ich mich vor ihm verstecken, und stattdessen bringe ich ihn erst recht auf meine Fährte!
Aber niemand klappt den Deckel auf, und Schritte, die an der Truhe vorbei ins Zimmer rennen, hört Lena auch nicht. Sie atmet tief ein. Die Luft in der Truhe ist muffig, und alle Geräusche klingen durch das dicke Holz ganz gedämpft. Und es ist so dunkel, dass es Lena jetzt doch fast ein bisschen unheimlich wird.
„Mama!“, flüstert sie und tastet vorsichtig den Boden der Truhe ab. Was ist, wenn das Weiche eben nun doch ein Vampir war? Ein schlafender Vampir, weil es ja noch nicht Mitternacht und Zeit zum Aufstehen für ihn ist? Was ist, wenn es die Jacke von einem ziemlich kleinen Vampir war? Oder seine Hose?
„Hilfe!“, flüstert Lena wieder und greift mit den Fingern in den weichen, flauschigen Stoff. Der fühlt sich eigentlich nicht an wie eine Jacke oder eine Hose, und er bewegt sich auch kein bisschen.
Wie etwas ganz anderes fühlt der Stoff sich an, das Lena ziemlich gut kennt, so gut, wie man etwas kennt, das schon fast das ganze Leben lang neben einem auf dem Kopfkissen gelegen hat. Da kann es ruhig stockdunkel sein.
„Bollermann!“, flüstert Lena. „Mein Bollermann!“ Dann nimmt sie in der schwarzen Dunkelheit ihren Hund in den Arm, und Bollermann riecht noch immer ganz genau wie

Bollermann, und plötzlich hat Lena überhaupt keine Angst mehr. Nur wütend ist sie, fürchterlich, fürchterlich wütend.

„Armer alter Bollermann!“, flüstert Lena und drückt mit ihren Schultern den Truhendeckel hoch. Bollermann hängt auf ihrem Arm und sieht wirklich ziemlich verzweifelt und

erschöpft aus. „Jetzt hab ich dich gerettet! Musstest du so lange ganz alleine in diesem schrecklichen Gefängnis liegen!“

Und sie stürzt die Treppe nach unten, um Katrin zu zeigen, wen sie gefunden hat. „Bollermann ist wieder da!“

Aber niemand dreht sich zu ihr um, und das, obwohl es auf dem Erdgeschossflur eine richtige kleine Versammlung

gibt. Frau Schröder steht in der Mitte und hat Katrin am Arm gepackt, und hinter ihr stehen Ina und Olga mit hängenden Köpfen. Und drei fremde Jungs stehen daneben und gucken ziemlich wütend.
„Was habt ihr euch dabei gedacht?“, fragt Frau Schröder gerade. Aber sie fragt nicht die Jungs. „Euch einfach in fremde Zimmer zu schleichen? Von einer ganz fremden Klasse?“

„Wir hatten …“, murmelt Katrin und guckt Frau Schröder nicht an dabei, „wir wollten doch nur …“ Dann ist sie still. Dass sie die Jungs wegen des Fußballspiels ausspionieren wollten, kann sie ja wohl schlecht erzählen.
„*Was* wolltet ihr?“, fragt Frau Schröder böse. „Wie stehen

wir denn jetzt da? Wie die Diebe! Sofort entschuldigt ihr euch!“

Lena sieht, wie einer der Jungs einen anderen in die Seite boxt, und der andere grinst ganz gemein. Und da weiß sie, wie sie Katrin und Ina und Olga retten kann.

„Frau Schröder!“, ruft Lena. „Frau Schröder! Das war ja ganz anders! Wir haben nur nach Bollermann gesucht!“

Und sie hält ihren Kuschelhund hoch. Auf einmal ist ihr überhaupt nicht mehr peinlich, wie er aussieht. „Wir haben gedacht, dass die ihn vielleicht geklaut haben, und das hatten sie auch!“

Frau Schröder dreht sich zu ihr um. „Das hatten sie auch?“, fragt sie überrascht.

Lena nickt. „Sie hatten ihn oben in die Truhe gestopft“, sagt sie, und bei dem Gedanken daran, wie Bollermann da die ganze Zeit im Dunkeln gelegen hat, wird ihre Wut wieder richtig groß.

„Stimmt das?“, fragt Frau Schröder und guckt die fremden Jungs streng an.

„Habt ihr Lenas Kuscheltier …?“

„Das war ja nur Spaß!“, sagt einer, und Lena erkennt die Stimme von vorhin auf der Treppe wieder. „Konnten wir doch nicht wissen, dass die sich so anstellt!“

„Geklaut war das ja auch gar nicht!“, sagt ein kleinerer Junge. „Nur in die Truhe gestopft! Wir hätten den ja nicht behalten!“

„Und hättet ihr ihn bei eurer Abfahrt wieder rausgeholt?“, fragt Frau Schröder. „Wie hätte Lena ihn denn wohl zurückkriegen sollen?“
Da sind die Jungs still.
Frau Schröder seufzt. „Sagen wir, ihr seid quitt“, sagt sie. „Ihr“, und sie zeigt auf die Jungs aus der Vierten, „ habt den Bollermann versteckt, das war nicht in Ordnung. Und ihr“, und jetzt guckt sie die Mädchen an, „seid heimlich durch die Jungszimmer geschlichen. Das war auch nicht in Ordnung, also gleicht es sich aus. Und beides passiert bitte nicht noch mal“, und damit ist sie schon wieder auf dem Weg nach draußen.
„Scheißweiber!“, sagt der Junge mit der tiefen Stimme. Dann verschwindet er mit seinen Freunden wieder zum Bolzplatz.
„Jippie!“, schreit Katrin. „Cool!“
Lena denkt, dass Katrin sich jetzt eigentlich bei ihr bedanken müsste, weil sie sie vor Frau Schröder gerettet hat und sogar ein bisschen für sie geschwindelt, aber Katrin denkt überhaupt nicht daran. Sie greift in ihre Tasche und zieht den Stein heraus.
„Das war wieder mein heiliger Stein!“, flüstert sie. „Na bitte!

Der uns vor Frau Schröder gerettet hat! Und grade rechtzeitig Bollermann wiedergefunden! Glaubt ihr jetzt endlich, dass er heilige Kräfte hat?"
Lena guckt Ina an, und Ina rollt mit den Augen.
„Du hast sie ja nicht mehr alle!", sagt Lena wütend. Dann geht sie mit Ina nach draußen.

Lena schießt das Rettungstor

Zum Glück haben sie am Abend ein Lagerfeuer für sich allein, nicht mit der grässlichen vierten Klasse zusammen. Die machen ihr Lagerfeuer erst morgen.
Frau Schröder möchte gerne, dass sie sich alle um das Feuer stellen und zusammen „Guten Abend, guten Abend, ihr alle hier beisamm'" singen, aber das klappt nicht so gut. Alle Kinder wollen lieber ganz schnell ihren Stockbrotteig haben, dafür haben sie ja am Nachmittag im Wäldchen hinter dem Heim Stöcke gesammelt und schön für das Feuer fertig gemacht.
„Ich *liebe* Stockbrot!", sagt Lena glücklich, als sie zwischen Svenja und Olga am Feuer hockt und ihren Stock in die Flammen hält. Ihr Gesicht ist schon so heiß, als ob es selber ein Stockbrot wäre, aber das muss auch so sein, wenn man am Lagerfeuer sitzt. Von vorne muss es so heiß sein, dass man es kaum aushalten kann.
„Ich liebe Stockbrot auch", sagt Svenja und zieht ihren Stock zu sich heran, um zu gucken, ob das Brot schon fertig ist. „Stockbrot und Lagerfeuer und Klassenreise."
„Ich auch", sagt Olga.

„Aber die blöde Vierte liebe ich nicht, da kannst du wetten!“, sagt Svenja und stößt Lena an. „So gemein, wie die zu deinem Tier waren!“

Svenja ist vorhin schon zu Lena gekommen und hat gesagt, sie findet es toll, dass Bollermann wieder da ist. Und die Jungs aus der Vierten sind alles lauter Ärsche.

Das hat Lena nett gefunden, auch wenn „Ärsche“ ja kein höfliches Wort ist. Aber es ist doch schön, dass Svenja plötzlich fast ein bisschen ihre Freundin ist.

„Das zahlen wir denen morgen aber heim!“, sagt Jonas, der gerade bei ihnen vorbeigeht. Sein Stock ist ihm leider ins Feuer gefallen, darum musste er sich einen neuen suchen und von vorne anfangen. „Die machen wir morgen so was von alle! Rache für Bollermann!“

„Genau, Rache für Bollermann!“, schreit Maik. „Das Spiel morgen ist Rache für Bollermann! Das sollen die büßen!“

„Rache für Bollermann!“, brüllt jetzt auch André, obwohl er doch seit heute Nachmittag überhaupt nicht mehr in der

Mannschaft ist, und plötzlich findet Lena ihn gar nicht mehr ganz so blöde.
„Der muss morgen unser Maskottchen sein!“, schreit Thomas. „Mit dem gewinnen wir haushoch!“
Lena denkt, dass es in der Bundesliga sogar mal einen Verein gegeben hat, der eine lebendige Ziege als Maskottchen hatte. Da kann Bollermann ja wohl auch bei ihrer Klassenmannschaft als Glücksbringer hinter dem Tor sitzen.
Sie zieht ihren Stock aus den Flammen und guckt ihr Brot an. Außen ist es schon ganz braun, und wenn man es antippt, verbrennt man sich die Finger, genau wie es sein muss.
„Na, alles in Ordnung?“, fragt Frau Schröder und beugt sich über Lenas Schulter. „Was war denn das eben für ein Geschrei?“
„Och“, sagt Lena und guckt auf ihr Brot. Sie glaubt nicht, dass Frau Schröder es gut findet, wenn sie hört, dass sie sich an der vierten Klasse rächen wollen. Dann erzählt sie ihnen sowieso nur wieder, dass Rache nichts Schönes ist und dass man seinen Feinden lieber verzeihen soll. Aber dazu hat Lena jetzt gerade mal keine Lust.
„Wir haben nur über das Spiel morgen geredet“, sagt sie darum. Und das ist ja noch nicht mal geschwindelt.
Als ihr Stockbrot ein bisschen abgekühlt ist, bricht Lena sich ein Stück ab. Stockbrot ist fast das Leckerste auf der

Welt, wenn man es am Lagerfeuer isst. Sogar, wenn es innen noch ganz matschig ist.

Am nächsten Morgen wacht Lena schon vor dem Klingeln auf. Das kommt bestimmt, weil sie so aufgeregt ist wegen dem Fußballspiel.

„Musst du doch nicht sein!“, sagt Katrin beim Frühstück. „Wir siegen ja sowieso! Da sorgt mein heiliger Stein schon dafür.“

„Quatsch!“, sagt Lena böse. „Der doch nicht!“

„Der kann unser Glücksbringer sein!“, sagt Katrin. „Denk doch mal, was der schon alles für Glück gebracht hat auf dieser Klassenreise!“

„Quatsch!“, sagt Lena wieder, und Ina sagt, sie hat gedacht, der hilft nur, wenn ein Mensch oder eine Sache *verschwunden* ist, und verschwunden ist beim Fußball ja keiner.

„Nee, aber wäre nicht schlecht, oder?“, sagt Katrin. „Wenn bei den andern plötzlich der Torwart verschwunden wäre?“

„Der Stein bringt die Sachen doch *wieder*, Katrin!“, sagt Olga. „Hast du gesagt. Der zaubert sie doch nicht *weg*!“

„Egal“, sagt Katrin unfreundlich.

Lena findet nicht, dass es egal ist. Bei diesem Fußballspiel soll Bollermann das Maskottchen sein, nicht Katrins alter, löcheriger Stein.

Aber dann stellt sich Katrin mit dem Stein in der Hand doch hinter dem Tor auf, direkt neben Svenja, und Svenja hat Bollermann auf dem Arm. Zwischendurch lässt sie ihn in seine Stoffpfoten klatschen.
„Bravo!“, ruft Svenja dabei. „Drei A vor, noch ein Tor!“ Obwohl sie ja noch gar kein Tor geschossen haben, und dabei ist die zweite Halbzeit schon fast vorbei. Aber die Vierte ist zum Glück auch noch ohne Treffer.

In der ersten Halbzeit hat die Referendarin gepfiffen, und dabei hätte niemand geglaubt, dass sie überhaupt was von Fußball versteht. Aber sie hat es richtig gut gemacht. Sie hat nämlich als Mädchen auch immer Fußball gespielt, hat sie vor dem Spiel gesagt, und da hat Lena sich wirklich gewundert.
Jetzt in der zweiten Halbzeit ist der Klassenlehrer der Vierten Schiedsrichter, damit es gerecht zugeht, und da kann Lena nur hoffen, dass er fair ist. Aber ein erwachsener Lehrer sollte das wohl eigentlich sein.
Katrin hat gesagt, sie hat ja überhaupt nichts dagegen, wenn Bollermann das Mannschaftsmaskottchen ist, aber ihr Stein ist trotzdem auch eins. Ein heiliger Stein lässt sich nämlich nicht daran hindern, ein Glücksbringer zu sein, der *ist* das einfach sowieso. Und es schadet doch schließlich nichts, wenn die Mannschaft zwei Glücksbringer hat.
Und das glaubt Lena langsam auch. Jetzt wäre es sogar nicht schlecht, wenn sie drei Glücksbringer hätten oder vier. Die Jungs aus der Vierten sind ja vielleicht blöde und gemein, aber Fußball spielen sie leider ziemlich gut. Und nicht nur die *Jungs* aus der Vierten. Die Mädchen auch. Die Vierte hat in ihrer Mannschaft nämlich sogar *vier* Mädchen, und eine von denen ist so gut, dass sie sogar jetzt schon mindestens in der Regionalliga spielen könnte. Aber Lena ist natürlich auch nicht schlecht.

Vor dem Spiel hat Frau Schröder an alle Spieler aus der Klasse rote Armbinden ausgeteilt, die hatte sie von zu Hause aus der Sporthalle mitgebracht.
„Damit man die Mannschaften auseinander halten kann!“, hat sie gesagt, und das findet Lena nun doch ein bisschen albern. Schließlich wissen die Zuschauer ja sowieso, wer in die Dritte gehört und wer in die Vierte. Und die Spieler wissen das auch. Aber natürlich sieht es mit den Armbinden viel profimäßiger aus, wo sie schon ohne Trikots spielen müssen.
„Hierher, Lena, abgeben!“, brüllt Jonas. Lena läuft an, aber da kommt plötzlich das furchtbar gute Mädchen aus der Vierten angesaust und nimmt ihr den Ball im Vorbeirennen ab wie ein Profi.
„Tor!“, brüllt der große Junge mit der tiefen Stimme. Beim Fußball ist er nicht ganz so gut. „Tor! Tor! Tor!“
„Scheiße!“, brüllt Jonas und kickt vor Wut in den Rasen. „Konntest du nicht aufpassen, Mann!“
„Tor!“, brüllen die aus

der Vierten immer noch, aber da ist der Ball schon wieder im Spiel.
Und ich bin schuld!, denkt Lena. Wenn sie mir den Ball nicht abgenommen hätte, stünde es immer noch null zu null. In zwei Minuten ist das Spiel zu Ende und die anderen sind in Führung, und ob wir denen jetzt noch ein Ei reinlegen, das glaub ich ja nicht. Und dabei sollte das Spiel unsere Rache für Bollermann sein!
„Lena vor!", brüllt Svenja hinter dem Tor und winkt mit Bollermanns Pfote, und da schnappt Lena tatsächlich einem kleineren Jungen den Ball weg und dribbelt ihn über den Platz.
„Der heilige Stein hilft dir!", brüllt Katrin, aber das hört Lena nicht mal richtig, weil sie jetzt auf das gegnerische Tor zuläuft, und dabei weicht sie dem Jungen mit der tiefen Stimme aus und schüttelt das Supermädchen ab und täuscht an und …
„Foul!", schreit Maik. „Elfmeter! Das war im Strafraum!"
Dann hört Lena die Trillerpfeife und sieht, wie der Schiedsrichter auf den Punkt zeigt. Er ist wirklich fair, das muss man sagen.
Elfmeter!, denkt sie ungläubig. Nur noch eine Minute zu spielen, und ich muss einen Elfmeter schießen!
Lena holt tief Luft. Ich hab das schließlich schon oft gemacht, denkt sie. Und ich weiß, dass ich das kann.
Dann läuft sie an.

„Jippie!“, brüllt Oliver und reißt die Arme hoch. „Tor! Tor für uns!“
Danach kommen sie alle angerannt und schlagen Lena auf die Schulter und reißen sie fast zu Boden. „Verlängerung!“
„Verlängerung!“, ruft da der Schiedsrichter auch, und plötzlich hat Lena wieder so ein glückliches Gefühl, dass es klappen könnte.
Rache für Bollermann!, denkt sie und rennt. Das wollen wir doch mal sehen!
Trotzdem schießt nicht sie das Golden Goal, sondern Martin, und das findet Lena eigentlich auch fast genauso gut.
„Gut gemacht, Alter!“, sagt Jonas, und Lena boxt Martin gegen den Arm. „Cool!“, sagt sie glücklich.

„Olé, olé, olé, olé!“, singen Katrin und Olga und Ina und Svenja und André und Imke und Fredrik und überhaupt alle aus der Klasse. „Wir sind die Champions!“

Und Svenja kommt auf den Platz gerannt und drückt Lena ihren Bollermann in den Arm. „Na, bitte!", sagt sie. „Voll geiles Maskottchen!" Und Ina schießt ein Foto und sagt, sie hat beim Elfmeter auch schon eins gemacht.
In dem Moment kommt das Supermädchen aus der Vierten vorbei. „Nicht schlecht, Kleine!", sagt sie und schlägt Lena im Vorbeigehen auf die Schulter.
Lena guckt ihr nach. „Kleine" hätte sie ja nicht unbedingt sagen müssen, aber trotzdem war das doch eigentlich nett.
„Was für ein Glück, dass ich den heiligen Stein dabeihatte!", flüstert Katrin und zupft Lena am Ärmel. „Sonst wäre das doch niemals was geworden mit dem Tor!"
„Du spielst saugut!", sagt Imke und drängelt sich zu Lena durch. „Echt total saugut!"
„Och, na ja", murmelt Lena und guckt auf den Boden.
Womöglich ist sie nach dieser Klassenreise auch noch mit Svenja und Imke befreundet.

Vielleicht ist es doch auch schön, wieder zu Hause zu sein

Am Abend dürfen alle, die das möchten, Sketche aufführen, und danach wollen sie sogar auch noch eine Nachtwanderung machen.
„Zum Abschied!“, sagt Frau Schröder. „Weil es ja morgen wieder nach Hause geht.“
„Buhu!“, sagt Thomas und reibt sich die Augen mit seinen Fäusten, als ob er weinen muss. „Schluchz, schluchz!“
Lena würde auch gerne noch länger bleiben, aber ein bisschen freut sie sich auch schon wieder auf Mama und Papa.
Dann führt sie mit Katrin zusammen einen Sketch vor, bei dem Katrin immer so hinter ihr steht und ihre Arme durch Lenas Jackenärmel steckt. Dabei muss sie so tun, als ob das Lenas Arme wären, und die anderen sagen ihr immer, was Lena-Katrin tun soll.
Da putzen Katrins Arme Lena die Zähne (aber leider treffen sie dabei meistens die Nase) und kämmen Lena die Haare (aber leider hauen sie Lena dabei meistens aufs Ohr), und am lustigsten ist es, als Katrins Hände Lena eincremen müssen.

„Ich bepiss mich gleich!“, brüllt Thomas, weil Lena jetzt wirklich aussieht wie ein weißes Gespenst. Sogar ihre Haare sind ganz klebrig.
„Stell dir vor, sie hätte vorhin so gespielt!“, brüllt André. „Da hätten die anderen doch voll die Panik gekriegt!“
„Die wären doch brüllend vom Acker gerannt!“, schreit Maik, und da müssen sie alle noch mehr lachen.
Als sie zur Nachtwanderung aufbrechen, ist es noch nicht

mal richtig dunkel, aber das findet Lena gar nicht so schlimm. Sie hat sich mit ihrem großen Handtuch die Creme aus den Haaren gewischt, und jetzt geht sie zwischen Nilgün und Ami Rasoulé und Katrin, und sie spielen „Ein Hut, ein Stock, ein Regenschirm". Hinter einem Baum ertönt in der Dämmerung plötzlich ein fürchterliches Geheul, und wenn Lena allein gewesen wäre, hätte sie bestimmt ganz schreckliche Angst gekriegt. Aber jetzt sausen Thomas und Oliver und Maik schon wie die Wilden zum Baum, und als sie zurückkommen, zerren sie die Referendarin hinter sich her.
„Die war das Gespenst!", brüllt Thomas. „Die wollte uns verarschen!"
„Gnade!", fleht die Referendarin. „Ich bin ja noch ein Gespensterlehrling!" Und da lassen sie sie frei, weil sie vorhin beim Spiel auch so gut gepfiffen hat.
„Das war die allerschönste Klassenreise, die ich jemals gemacht hab!", flüstert Ami Rasoulé.
„Finde ich auch!", sagt Katrin.
„Ich auch!", sagt Lena, und da schadet es gar nichts, dass sie alle drei vorher überhaupt noch nie auf Klassenreise gewesen sind.
„Und darum machen wir auch die letzte Nacht durch!", sagt Katrin und gähnt.
Aber daraus wird leider dann doch nichts. Als sie zum Heim zurückkommen, ist es schon lange richtig dunkel,

und als Lena in ihrem Bett den Kopf auf das Kissen legt, ist sie auf einmal eingeschlafen. Dabei hat sie das gar nicht gemerkt.

Am nächsten Morgen im Bus drückt Lena ihr Gesicht so lange gegen die Scheibe, bis vom Heim nichts mehr zu sehen ist.
„Schade!“, seufzt Olga. Jetzt auf der Rückfahrt sitzt sie neben Lena, und auf der anderen Seite vom Gang sitzen Svenja und Ami Rasoulé und halten ihnen ihre Tüte mit Gummikatzen hin. Diesmal hat der Busfahrer nicht gesagt, dass sie auf der Fahrt nichts essen dürfen.
„Ja, schade!“, sagt Imke auch. „Ich finde, im nächsten Jahr …“
„Nein!“, schreit Katrin da plötzlich. Sie sieht ganz erschrocken aus. „Hat von euch vielleicht jemand … Ich hab meinen heiligen Stein liegen lassen!“
„Wo?“, fragt Ina. „Wo denn, Katrin?“
„Im Waschraum!“, sagt Katrin und starrt Lena ganz verzweifelt an. „Als ich meine Waschsachen zusammengepackt hab! Da hab ich ihn auf die Ablage gelegt und hinterher …“
„Wie schade!“, sagt Lena und versucht, ein ganz mitleidiges Gesicht zu machen. Wenigstens kann Katrin jetzt zu Hause nicht mehr bei allen guten Sachen, die passieren, behaupten, das hätte ihr heiliger Stein gemacht.

Das ist wirklich ein Glück.
„So ein Mist!“, sagt Katrin, und Lena denkt erleichtert, dass Katrin jetzt schon nur noch wütend ist und nicht mehr traurig. Dann braucht sie sich auch nicht mehr zu schämen, wenn sie sich eigentlich freut, dass der Stein weg ist.
„Vielleicht kann der sowieso nur an der Ostsee zaubern?“, fragt Ina vorsichtig. „Vielleicht ist der sowieso nur an der Ostsee heilig?“
„Steine können ja sowieso nicht heilig sein, Katrin“, sagt Olga, und Lena denkt, dass Olga sich aber wirklich mal irgendwann entscheiden muss, ob sie nun findet, dass der Stein heilig ist oder nicht. „Nicht richtig heilig.“

Katrin gibt keine Antwort.
„Du kannst Bollermann mal ausleihen!“, sagt Lena und hält Katrin zum Trost ihren Hund über die Rückenlehne der Sitzbank hin. „Willst du mal?“
Katrin guckt sie böse an. „Wenn man bedenkt, was der alles für Zauber gemacht hat auf der Klassenreise, der Stein!“, sagt sie. „Und jetzt ist er weg!“ Und sie stößt Bollermann unfreundlich zurück.
„Dann eben nicht!“, sagt Lena und dreht sich nach vorne um. Jetzt muss Katrin sich erst mal wieder beruhigen. Das kennt Lena schon.
„So, hallo, hört ihr bitte mal alle zu?“, ruft Frau Schröder da vorne im Bus ins Mikrofon. „Ich möchte euch noch einmal sagen, dass ich fand, wir hatten eine wirklich schöne Klassenreise zusammen. Und vielleicht können wir im nächsten Jahr ja wieder …“
„Jippie!“, brüllt Oliver.
„Cool!“, schreit André.
„Aber trotzdem“, sagt Frau Schröder und lächelt, „wollen wir ja nicht vergessen, was wir auf dieser Klassenreise alles erlebt haben. Darum bringt ihr bitte morgen alle eure Berichthefte mit in die Schule, damit wir darin weiterarbeiten können.“
„Buuh!“, ruft Thomas, aber als keiner einfällt, ist er gleich wieder still.
„Und einen schönen Elternabend machen wir auch noch“,

sagt Frau Schröder. „Auf dem wir euren Eltern von der Reise erzählen. Und eure Sketche könnt ihr dann auch noch mal vorführen."

„Katrin und Lena!", schreit Merve. „Die sollen!"

„Ja, die sollen das!", schreit Imke auch.

Lena dreht sich zu Katrin um. „Machen wir das?", fragt sie.

Katrin nickt. „Logisch!", sagt sie, und Lena findet, dass sie jetzt schon aussieht, als ob sie ihren alten Stein längst vergessen hat.

Weil bei der Rast wieder drei Kinder zu spät zurückgekommen sind, kommt der Bus leider mit einer Viertelstunde Verspätung auf dem Schulhof an, und da drängeln sich vor der Sporthalle schon ganz viele Mütter und Geschwister, und ein paar Väter sind auch dabei.

Lena sieht Mama gleich. Sie steht ganz allein ziemlich am Rand und hält einen Gasluft-

ballon in der Hand, auf dem steht: „Willkommen zu Hause!“
„Mama!“, schreit Lena. „Hallo, Mama!“
Dann lässt sie ihren Koffer einfach neben dem Bus stehen, und sogar ihren Bollermann lässt sie auf den Boden fallen. „Ich bin wieder da!“, und sie drückt ihren Kopf ganz fest gegen Mamas Brust, und dabei fühlt es sich an, als ob sie hundert Jahre weggewesen wäre, aber jetzt ist sie ja zum Glück wieder zu Hause. „Das war so schön!“
„Da freu ich mich aber, mein Schatz!“, sagt Mama und knuddelt sie noch mal ganz fest. „Aber am meisten freu ich mich, dass du wieder da bist!“, und sie drückt Lena das Band vom Luftballon in die Hand, da hängt unten ein kleiner blauer Plastikbär dran, damit der Ballon nicht einfach nach oben abzischt, wenn man ihn aus Versehen mal loslässt.
„Oh, danke Mama, der ist aber toll!“, sagt Lena. „Mit echtem Gas!“
„Weil wir ja was zu feiern haben!“, sagt Mama und schnappt sich Lenas Koffer. „Dass meine große Tochter wieder zu Hause ist!“
„Tschüs, Katrin! Tschüs, Ina!“, schreit Lena. „Tschüs, Olga!“
„Tschüs, Lena!“, schreit Svenja, und Martin winkt einmal kurz mit links, bevor er sich umdreht und mit seinem Vater zum Auto geht.

„Sag Frau Schröder noch tschüs und bedank dich für alles“, sagt Mama.
„Ich hab ein Tor geschossen!“, sagt Lena. „Und Bollermann war entführt!“
„Ist nicht wahr!“, sagt Mama. „Das musst du mir ganz genau erzählen.“
Vielleicht ist es doch auch schön, wieder zu Hause zu sein.